U0032979

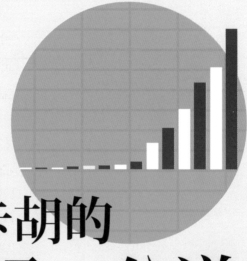

畢卡胡的
三好一公道
選股攻略

學習巴菲特如何打敗大盤，
年賺20%

畢卡胡 著

此書獻給吾愛昭儀
有妳才有這本書的誕生

CONTENTS 目錄

第四章
一流投資架構第一關：我了解這家公司嗎？ 105

第五章
一流投資架構第二關：這家公司是好公司嗎？ 137

各界人士重磅推薦！

畢卡胡過往在我們公司擔任事業部部長一職，曾與全球知名的頂尖科技公司交手，參與達方的鍵盤事業做到全球第一大的過程。豐富的企業實戰經驗使其了解企業經營的本質和掌握各項財務指標的關鍵，進而培養「能力圈」，發掘好公司的「價值」，並創造自己的「護城河」。

之後，畢卡胡聽從自己內心的聲音，成為專職投資人。他承襲公司過往做事業的態度和做生意的邏輯，追隨巴菲特的價值投資法，深入研究並累積十多年的心血，淬鍊出獨創的「三好一公道選股術」和「一流投資架構」，建構出一套健全的投資系統。

在此，誠摯推薦本書給廣大讀者。

——**蘇開建**（達方電子董事長）

多年前，偶然的機會下認識畢卡胡。或許是他運用巴菲特的投資法讓我覺得異常熟悉，抑或是他認真執著的精神讓我衷心欽佩，邊喝著咖啡，邊聽他敘述自己的投資心路歷程，到決定自行開發台股投資工具來落實巴菲特投資法，甚至規畫出版一本書分享自己的股市冒險之旅，這些都詳盡地寫進這本書裡。閱讀完這本書，我們不會是巴菲特，但我們會更靠近巴菲特。

——**曾淑雲**（晨星台灣市場負責人）

我跟畢卡胡在一個偶然的狀況下認識，才發現原來我們對投資的想法如此相近！巴菲特的投資哲學可濃縮成十二字：「找好公司，等好價位，大賺小賠。」這點我亦認同。我研究過巴菲特對虧損金額的控制幅度，而唯一和我一樣有關注這點的只有畢卡胡。

畢卡胡梳理數十年經驗，提煉成「三好一公道選股術」，我大力推薦給初入投資市場卻找不到方法，以及有經驗想更精進的朋友！

——**雷浩斯**（價值投資者、財經作家）

「學海無涯，勤是岸。」那麼股海茫茫，什麼才是投資人憑藉的方舟呢？

在股市中，我們都知道投資有很多種面向——有基本面、消息面、技術面、財務面……不勝枚舉。《畢卡胡的三好一公道選股攻略》這本書巧妙融會了巴菲特投資心法的四大支柱——師承葛拉漢的「市場先生」與「安全邊際」，再加上巴菲特縱橫股海數十年所領悟的「能力圈」與「護城河」兩個獨到見解——淬鍊出獨家的「三好一公道選股術」，整理出「一流投資架構」，以六個問題導出巴菲特的成功投資關鍵。搭配作者畢卡胡開發的價值投資App，幫讀者省略繁複的財報整理工作，整理出這一本容易閱讀、上手的工具書。

人因夢想而偉大，但築夢要踏實，才有機會讓夢想實踐。股海

中的資訊多如繁星、浩瀚如海，若你還沒有一套屬於自己的投資模式，不妨跟著贏家的腳步，搭配書中的案例按圖索驥，相信你一定可以從中領略出屬於你獨特的投資勝利方程式。

——陳科宏（國泰投信經理）

本人與作者畢卡胡先生相識已數十年，近十餘年來，胡兄專心於股市研究，我們也不時交換投資心得，幾年下來，對胡兄選股的精準度深表敬佩。如今很高興看到他出書，把多年的研究心得濃縮成兩百餘頁之菁華，並將台股個股套用在巴菲特價值投資的架構中，淺顯易懂，實為讀者之福！

本書適合有興趣投資股市，但無暇研究投資理論，也無法看盤的投資人。只要把握書中的要點，如「巴四點」「巴六條」「三好一公道」等，加上簡單的財會基礎，尤其配合胡兄自力開發的《台股價值站》App，更能節省大量蒐集匯總資訊的時間成本，使投資人能躋身股神巴菲特之流，輕鬆投資，享受獲利！

本書不僅適合追求穩健獲利的長期投資人，對習慣波段操作的積極型玩家也會有所啟發。本人對於利用「能力圈」模式來選股深有同感，另外，本書揭櫫的投資架構及投資紀律（如「六六大順」等）也很值得參考，相信投資人讀完此書後皆可大有斬獲，輕鬆優游於股海之中。

——蘇志正（常元聯合會計師事務所主持會計師）

主動投資者的四個核心理念 　　　　關又上

我常在想，推薦序的目的是什麼？一起吆喝來打群架？指出書中精采之處？或者幫讀者導讀？

有人說，情人節是燒真錢說假話，清明節是燒假錢說真話，難道我們現在的社會，沒有燒真錢說真話的時候嗎？當然有，就是我在美國最喜歡的感恩節！所以，我也想用這樣的心情來書寫。

本書第一章的圖1-4，那四根羅馬柱撐起的殿堂，上面所寫的四項準則，我認為就是菁華之處。

這四項準則分別是能力圈、護城河、市場先生、安全邊際。

第一項準則「能力圈」是重中之重，守住這條原則，你才有辦法到達投資的成功彼岸；也可以說，你必須先了解自己，而且緊守著你的能力圈。

投資學派裡頭有兩大派別。被動投資，跟著指數型基金ETF，不做選股的動作，主要的核心理念是參與整個經濟，也參與整個市場，當然包含股市的波動。這是多數投資者適合的，就算是主動投資學派的人，我都建議先學好這個安身立命的功夫！如果你是被動投資者，這本書對你的適用性就沒有那麼高。

如果你是主動投資者，不要猶豫，這本書應該值得你擁有。

主要原因有二。

首先，就像巴菲特說的，投資就是兩門課，第一是投資標的的估值，第二是正確看待股價的走勢。而作者畢卡胡提出的這四項準則，守住「能力圈」和「護城河」就是提高投資標的的估值準確度的安全底線，這兩件事做好，通常就完成了大半的工作。至於了解「市場先生」的運作，再加上「安全邊際」的第二道防線，你就擁有正確看待股價波動的優勢，也會有比別人更高的勝算。所以，巴菲特這兩門課的核心，也在作者提出的四項準則的理念裡。

第二個值得閱讀本書的原因是，作者以理工背景切入投資，必然也有其觀察之心得。英文中常說跳開框架思考（think out of box），而這經常是學院派的人所欠缺的。

總結來說，這本書不是被動投資者的首選，卻是主動投資者應該好好參考的，因為作者的心得可以縮短許多人的摸索之路，更何況這是一個有系統方法的探索。

但是，我也必須給所有投資人一個數據：從2003年到2019年這十七年間，巴菲特的成績並沒有擊敗標普500。要擊敗大盤和市場，並不是一件簡單的事，所以充分了解個人的優勢和劣勢，並在作者有系統的引領下，再找出更適合自己的穩健操作，就是一條有趣又漫長的探索之路。祝你困頓中有突破，閱讀中有成長和收穫！

（本文作者為財經作家、美國又上成長基金經理人）

向巴菲特學習有耐心、
長期投資的修行人生

王安亞

　　恭喜胡大哥出書了！很榮幸我可以參與。

　　巴菲特是人類歷史上最成功的投資家，他最了不起的地方是永遠保持謙卑、不浮誇。他把投資當運動，有紀律地持續復刻一樣的工法，把雪球從小滾大。無論投資部位多大，他都可無住於心，不改變簡單的生活方式：六十多年來，住一樣大、夠用的房子，開一部性價比好的車，僅雇二十五人在他遠離塵囂的辦公室。他一天最大的放縱是喝幾罐可口可樂，固定的奢侈享受則是和比爾・蓋茲等人打輸贏500美元的橋牌。

　　巴菲特不僅有洞察力，也有過於常人的長性，無論過程起伏，都可抱股不放，長期投資。他有好的合夥參謀──查理・蒙格，長他六歲，看得比他多，比他更聰明。巴菲特也承認，自己是全世界最幸運的人。他出生於美國經濟大蕭條的1930年，能做事時，剛好是第二次世界大戰結束後最長的和平繁榮；即使冷戰時期，仍維持著大國之間不打仗的默契。巴菲特躬逢其盛，創造出人類歷史上未曾累積的投資財富。

　　巴菲特說過，2020年的新冠疫情是他一輩子從未經歷過的情境。這個世界已在大變革，從1991年柏林圍牆倒塌後的全球化勝景，到現在反全球化的民粹氛圍。全球化本就是大部分人受

惠、小部分人損失，而整體系統運作提升，但是當強者愈強、富者愈富、大者恆大的矛盾隨貧富差距擴大，政客只看選票卻沒能力創新時，就滋生法西斯的保護主義和不負責任的對外攻訐。一個五千年歷史的文明古國，藉由科技手段崛起，面對過去五百年來西方列強的既有秩序，東西文化差異、普世價值、意識型態等抗衡更激烈。過去幾個月，因為新冠疫情，世界經歷了如冷戰時期的禁止遷移、停止交流。應屆畢業生的畢業典禮、旅行計畫泡湯了，畢業也成了失業的開始。後疫情時代，反全球化成了當代顯學，各國重新規畫生產供應，即使成本較高，也得以戰略考量。全球會從通縮陰影，轉變為通膨蠢動。未來將是滯脹年代，勞動參與率因人工智慧和工廠自動化而降低，物價水平也因反全球流動性而變高。2020年後的世界，將如1930年代的縮影。雖然全球央行和政府記取教訓，廣印鈔票，擴大投資，保護主義、高築關稅、甩鍋他國的基調仍重蹈覆轍。這將是巴菲特也得追溯大蕭條記憶的年代。

　　台灣上市公司的經營者，往往企圖心不夠，缺乏國際觀。不少公司發言人常說老闆是最大的股東，不須在乎股價，只管經營，每年固定獲利、配息。巴菲特之所以能長期投資成功，也是因為美國企業重視專業經理人績效考核，每年注重獲利及股息成長。經理人因為也是股東，薪資和股價連動，期望一致。不少台灣公司不缺錢，上市僅為招募好人才、得到客戶信任、取得銀行較低的融資。該把眼光放遠，公司上市了，必須重視股東權益，否則就下市、獨資。

希望胡大哥新書大賣。投資人向巴菲特學習有耐心、長期投資的修行人生，也需要執政者有小國寡民、大國博弈的智慧，更需要台灣企業家有張忠謀一樣高瞻遠矚的世界觀，創造好公司，股東才有機緣投資、成長、感恩。

（本文作者為政治大學國家發展研究所助理教授）

<作者序>

中年大叔的股市冒險之旅

> 一個人能做到的最好的事，就是幫助別人了解更多。
> —— 查理・蒙格

這是一本指引你如何學習股神巴菲特的實用操作手冊，主要目的是將巴菲特投資法變成一套簡單易上手的投資SOP，以便讀者能夠在股市活學活用。本書一方面深入淺出介紹巴菲特的投資哲學，讓讀者站在巨人的肩膀上，可以看得比別人更遠；另一方面以遊戲化的闖關攻略，帶領讀者過五關斬六將，在股市立於不敗之地，成為智慧型投資人。

本書主要闡述股票投資如何「找好公司，等好價位，大賺小賠」，如何評估績優成長股的絕對價值和相對吸引力（例如蘋果和台積電的差異，或是可口可樂和中華食的取捨），以及藉由觀察巴菲特操盤的投資組合和資產配置，在股市趨吉避凶。

本書獨創的「三好一公道選股術」，是巴菲特投資法的純煉滴雞精，將股神一貫堅持的投資標準，萃取其菁華，簡化成三好一公道選股條件：「報酬高、負債低、獲利成長和價錢公道」，好記好學又好用，讓你輕鬆學會巴菲特神功的起手式。不論股市多空，讀者都應該秉持選股不選市的投資紀律，並可以從「三好一公道」入圍名單，挑選自己有興趣的投資標的，

進一步深入研究。

　　巴菲特認爲每個人一生大概可以看到七次黃金從天上掉下來，例如2008年的金融海嘯。最近的2020年全球疫情引爆股市泡沫，又是一次財富重分配的機會，面對百年罕見的世界變局，如果能將本書融會貫通，培養獨立思考的判斷能力，建構自己的投資哲學，藉以擬定攻守兼備的投資策略，十年後的你會感謝現在危機入市的自己。

　　有幸身爲學習巴菲特投資法的高年級實習生，我希望以本書拋磚引玉，將有緣人引進股神的智慧殿堂。至於進入寶山能否滿載而歸，就靠個人修行。

　　在說明本書的緣由和大綱前，先報告一下我的股市冒險之旅。

第一人生：投資自己

　　台灣科技業大起飛的年代，我剛好恭逢其盛，退伍就進入電子業打拚。感謝老闆的肯定與賞識，每年薪水一直加，分紅配股一直發，一路做到負責整個事業部的部長職位。在職場的十年，全心全力投入工作，我也樂在其中，然而這段期間只有投資自己，沒時間投資股票。

　　後來因爲公司逐漸以代工爲主，淡出我個人較有熱情的自有品牌生意，加上間接受到蘋果創辦人賈伯斯在史丹佛大學演講的啓發❶，我毅然辭去這份錢多事多離家近的好差事，聽從自

己內心的聲音，放棄符合他人期望的人生。

第二人生：追求自我

離開職場後，我希望做點令人感動的事，因緣際會投入攝影領域。當時我認為台灣最厲害的攝影大師是柯錫杰老師，於是向他毛遂自薦，在他的工作室邊打雜邊見習。

這段期間，我也著迷於二十世紀最偉大藝術家畢卡索（Pablo Picasso）的創作，於是就自取了「Picasso」這個英文名字，加上因為我姓胡，所以就簡稱「畢卡胡」。後來覺得自己對攝影的熱情與投入遠遠不及攝影大師，又發現手上的前公司股票上市後翻漲數倍，就轉念想說自己的MBA與電子業的學經歷應該可以在股市發揮所長。誰知道，現實與想像相差十萬八千里。

複雜的事情簡單做，就是專家

剛開始學習投資，我直接在股市橫衝直撞，囫圇吞棗許多投資大師的著作，也大膽涉獵各種投資工具，不管技術面、籌碼面與基本面分析都「面面俱到」，當沖、權證及融資券都輕率嘗試。我就像拿著火把在彈藥庫奔跑，還好命大，在股市倖存至今。

投入股市沒多久，就遇上2008年的金融海嘯，持股好像每天一輛車掉到海裡，那時候都不敢讓家人知道。但愈是這樣，我

愈要把事情搞清楚，天天埋首書堆與財報找答案，深信市場終究會還好公司一個公道，心情因此愈來愈篤定。很幸運地，隔年我的股票投資就轉虧為盈，化險為夷。

在股市打滾多年，走過許多冤枉路，讓我領悟到投資還是簡單比複雜好，長期比短期好，少做比多做好。後來逐漸以價值投資為重心，並師法全世界最偉大的投資家——華倫・巴菲特，將股神的投資哲學奉為圭臬。就像李小龍說的：「我不害怕練過一萬種踢法的人，但我害怕一種踢法練過一萬次的人。」從此我由人生賭徒轉變成巴菲特信徒，並打算將巴菲特投資法練一萬次。

簡單的事情重複做，就是行家

為了研究巴菲特論述的第一手資料，當年還請岳父幫忙從美國扛回一本重達1.5公斤的《1965～2012年的巴菲特致股東信》。這就像股神親授的九陽真經，讓我如獲至寶。

效法巴菲特的投資操作，我深入研究公司的第一手資料，不管是閱讀公司年報和季報，或是參加公司法說會或股東會，避免第二手資料的斷章取義或誇大報導。但面對台股上千家公司，沒有選股工具就像大海撈針，個股評價也只能用Excel試算表土法煉鋼，研究一家公司就要搞半天，讓我非常苦惱。不像美股有《價值線投資調查》，提供美國數千家上市公司的財報與評價，也是巴菲特從小用到大的投資利器。

2010年，我不知哪來的勇氣，發願做出一款媲美《價值線》的台股投資工具。歷時三年、耗資數百萬元，終於自行開發出《台股價值站》。這是第一個、也是唯一一個應用巴菲特投資法的台股App，不僅利己，也嘉惠投資同好。另外值得一提的是，2017年與瑪麗・巴菲特共進午餐時，我展示這款活用巴菲特選股的App功能，她也大為讚賞，真令人開心！

重複的事情用心做，就是贏家

我的股市冒險之旅，從早期不知天高地厚、中期載浮載沉，到現在穩健獲利，堪稱是一段「見山是山，見山不是山，見山還是山」的歷程。

見山是山：前公司上市後股價翻漲數倍，發現股票是一種高報酬的投資工具。

見山不是山：金融海嘯的持股市值腰斬，親身體會系統性風險的巨大衝擊，驚覺股市瞬間多空易位，叫人捉摸不定。

見山還是山：市場價格終究會反映公司價值，不必在意股市的短期波動，讓一流公司幫自己賺錢，才是投資的本質與正道。

我的投資操作也漸入佳境，從追求高風險高報酬到低風險高報酬，從頻繁進出到用心於不交易，從大起大落到大賺小賠。

近年來更逐漸領悟股神的投資精髓，打通自己的任督二脈。如今我將巴菲特的投資標準，精煉成「三好一公道選股術」，並效法巴菲特的投資操作，創立一套健全分析的「一流投資架構」，自利利人。

投資與人生的道理其實是相通的，而且必須一以貫之。例如巴菲特請比爾‧蓋茲吃麥當勞會用折價券，習慣用便宜價買好東西，就連打高爾夫球也不願意跟球友賭一桿進洞，因為勝率太低，不划算。所以一法通萬法通，本書闡述的巴菲特投資法，也可用《易經》的三大原則「簡易、變易、不易」來對應。

簡易：學會「三好一公道選股術」，再直接查看《台股價值站》，就能找到許多績優成長股。選股省時省力，投資事半功倍。

變易：掌握「一流投資架構」要領後，就能守正用奇，不必拘泥於固定數字條件。就像張三丰在武當山當著敵人的面傳授太極劍法，張無忌就能得其意而忘其形。

不易：巴菲特投資法萬變不離其宗，就是學習如何評估公司價值和如何看待市場價格。我將其總結為十二字口訣：「找好公司，等好價位，大賺小賠」。

正如賈伯斯所說的：「生命中的點點滴滴，你永遠不知道什麼時候會串成一條線。」❶這本書的出版也是因緣際會，純屬

巧合，主要是由三件事促成：一是自己原本就有分享投資心得的念頭，二是完整的投資論述可與《台股價值站》相輔相成，三是方智出版社獨具慧眼的主動連繫。

屠龍寶刀在手，九陽真經練功

《台股價值站》的選股、評價、掃雷三合一功能，大幅縮減找好公司、算好價位的苦差事，而且隨時隨地可以掌握個股的歷史財報和未來評價，如同投資兵器從菜刀升級成屠龍刀。推出至今已累積下載超過30萬人次，用戶評分也高達4.6顆星（滿分5顆星）。但我總感覺有些地方不對勁，直到自己開課分享投資心得，與同學交流互動後，才真正發現，每個人的投資觀念和財經知識差異很大，即使把每檔個股的財報資料都整理齊全，呈現在用戶眼前，面對令人眼花撩亂的指標數字，如果沒有一定程度的投資功力，其實發揮的效用也是極為有限。就好比把屠龍刀交給不懂武功之人，怎能期待在每個人手裡都可以揮灑自如，虎虎生風？

我看過上百本有關巴菲特的書籍，卻發現沒有一本適合與《台股價值站》搭配使用，以滿足投資人的實戰需求。主要問題有三：一是觀念錯誤，有些書不小心曲解、甚至誤解巴菲特的投資觀點，會讓讀者誤入歧途，甚至走火入魔；二是只講半套，少數書只以賺大錢為目標，卻不提風險控管，讓讀者身陷險境而不自知；三是大多數的書都沒有清楚的系統架構，讀者

通常過沒幾天全部忘光光，非常可惜。於是，我想把投資心得寫成一本書的初衷油然而生，希望能為巴菲特投資法的推廣教育略盡綿薄之力。

盡量簡化，又不失之過簡

本書介紹巴菲特的投資觀點時，會盡量引用第一手資料，並以巴菲特投資的美股佐證，還會提供台股上市櫃公司的最新案例，證明不管美股或台股，巴菲特投資法都能一體適用，並具有同樣強大的威力。透過投資實例驗證大師心法，讓你可以融會貫通，並能應用在自己的投資策略上。

全書共分九章，第一章是巴菲特投資法的入門概論，第二章說明從巴菲特投資標準淬鍊出來的「三好一公道選股術」，至於第三章至第九章的「一流投資架構」主題，則以六大關卡引導出巴菲特的成功投資關鍵。全書每章最後還會附上一則個案研究，引領讀者學以致用。

本書寫作的文字盡量通俗直白，投資操作說明簡明扼要，並佐以視覺化的豐富圖表，讓讀者能夠心領神會巴菲特投資法的全貌。本書搭配《台股價值站》App一起服用，更能發揮相乘效果。就像練武之人獲得九陽真經入門與倚天劍屠龍刀，可以功力倍增，笑傲江湖。

跟著股神學習一年，勝過自己摸索十年

　　本書論述的投資方法，大部分來自股神巴菲特的投資智慧，再加上一點個人在股市打滾多年的心血結晶，真正屬於本人的創見發明很少，因為只要徹底學會最好的方法，效果遠勝過自己閉門造車。書中不厭其煩重述巴菲特觀點，用意在於將模糊感受的巴菲特神諭，變成清楚易懂的操作型定義，再落實為具體可行的投資架構，讓讀者可以活學活用。

　　跟著大師學習一年，勝過自己摸索十年。巴菲特也建議：「模仿你最崇拜的人，未來的你就可以成為同樣的人物。」賈伯斯、畢卡索與巴菲特這三位時代巨人，都是以簡馭繁的一代宗師，以一己之力改變全世界，是我精神上的良師益友。本書介紹巴菲特成為大家的良師益友，並將巴菲特投資法化繁為簡，向大師致敬。

　　感謝方智出版社讓本書順利上市。冀望透過作者的用心，讓讀者投資股票可以簡單、安全、有績效，專注找好公司，耐心等好價位，交易大賺小賠，投資穩健獲利，做個快樂的投資人，及早邁向財務自由，過自己真正想過的生活。

---

❶ 史蒂夫・賈伯斯2005年在史丹佛大學畢業典禮的演講：
https://youtu.be/mJK2dADvdHE

第一章
站在巨人的肩膀上
學投資

人生就像滾雪球，最重要的
是要找到一團溼雪，和一道
很長的山坡，雪球就可以愈
滾愈大。
——華倫‧巴菲特

華倫‧巴菲特（Warren Buffett）是地表上最知名也是最偉大的投資人，就算股市沒有專家只有贏家，他也是當今從資本市場賺最多錢的超級贏家。在《富比士》排行全球十大富豪中，巴菲特是唯一一位由投資致富的「好野人」❶。所以，被大家尊稱為「股神」的巴菲特，當然是我們學習投資的最佳榜樣。

　　巴菲特小時候喜歡玩各種數字遊戲，從小到大最擅長的數字遊戲就是賺錢，例如小學兜售可口可樂，中學清晨送《華盛頓郵報》，光靠課餘打工兼差，不到20歲就存下1萬美元。研究所畢業後，他先到父親的證券公司當營業員，24歲如願進入恩師葛拉漢（Benjamin Graham）的基金公司上班；26歲不顧老爸和老師的反對，創立自己的合夥投資事業；35歲入主波克夏‧海瑟威公司（Berkshire Hathaway Inc.，簡稱「波克夏」），從此以經營波克夏為主業。

　　巴菲特掌管波克夏期間，領導公司由紡織業轉型為保險業，並將公司資金靈活配置運用，五十年就推升市值成長1萬倍。而且，巴菲特將九成以上身家都押注在波克夏股票上，因此他的身價也一路水漲船高，由35歲的700萬美元，成長到85歲的700億美元，達到年化報酬率超過20%的驚人紀錄，如圖1-1所示。

　　巴菲特用這張空前絕後的財富成績單，向世人展現複利雪球的強大威力，證明「複利」這個世界第八大奇蹟，絕非神話或鬼話。財富累積雖然無法一蹴可幾，但只要選擇正確的投資方法，加上經年累月的堅持不懈，一定可以把手中的資金愈滾愈大，及早邁向財務自由。

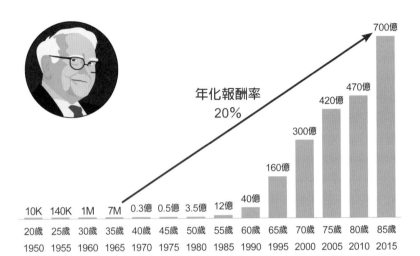

圖1-1 巴菲特投資財富的複利雪球（金額單位：美元）

年化報酬率
20%

700億

470億
420億
300億
160億
40億

10K 140K 1M 7M 0.3億 0.5億 3.5億 12億

20歲 25歲 30歲 35歲 40歲 45歲 50歲 55歲 60歲 65歲 70歲 75歲 80歲 85歲
1950 1955 1960 1965 1970 1975 1980 1985 1990 1995 2000 2005 2010 2015

　巴菲特投資績效與標普500指數（S&P 500 Index，簡稱「標普500」）的差異，整理如表1-1及1-2所示。從1965到2019年這五十五年，巴菲特創立的波克夏公司成績單是：股價的年化報酬率高達20.3％，標普500則繳出10％的年化報酬率。

　一般人對這樣每年多10％的領先幅度，可能沒什麼感覺，若轉換成累積報酬率，就是27,000多倍和200倍的驚人差距。換句話說，如果張三和李四在1965年各用1萬元買進波克夏股票和標普500 ETF，長期持股到2019年，張三的波克夏持股市值為2億7千多萬元，李四的ETF市值變成200萬元，兩者財富就會相差100多倍。

表1-1	波克夏公司的總報酬率及年化報酬率			
	10年	20年	30年	55年
期間	2010～2019	2000～2019	1990～2019	1965～2019
總報酬率	2.4倍	5倍	38倍	27,440倍
年化報酬率	13.1%	9.4%	13%	20.3%

表1-2	標普500的總報酬率及年化報酬率			
	10年	20年	30年	55年
期間	2010～2019	2000～2019	1990～2019	1965～2019
總報酬率	2.6倍	2.2倍	16倍	200倍
年化報酬率	13.6%	6.1%	10%	10%

　　巴菲特擅長贏在轉折點，經常在空頭市場彎道超車，近20年就是最佳例證。如圖1-2與1-3所示，2000～2009年是美股失落的十年，如果投資標普500 ETF，十年都無法回本，但巴菲特在同時期還交出6%的年化報酬率，十年累積總報酬率則為77%；之後2010～2019年的多頭行情，巴菲特的年化報酬率仍有13.1%水準，但反而比標普500遜色。

　　股神曾不減豪情放話說：「今天如果操盤資金是100萬美元，我敢拍胸脯保證每年賺50%。」❷ 究竟巴菲特現在是大

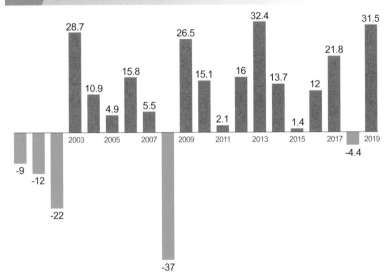

圖1-2 標普500指數的年度報酬率（2000～2019年，單位：%）

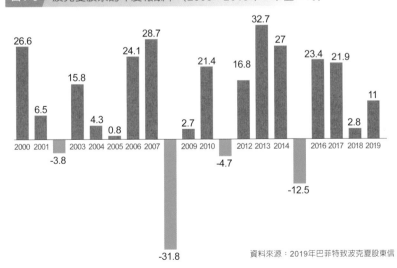

圖1-3 波克夏股票的年度報酬率（2000～2019年，單位：%）

資料來源：2019年巴菲特致波克夏股東信

船難轉彎，或是伺機逆轉勝？2019年底波克夏的現金部位高達1,280億美元，超過股票投資部位的一半，是投資績效落後大盤的原因之一，也受到一些新聞媒體的冷嘲熱諷。沒料到2020年3月就豬羊變色——由於新冠疫情蔓延和國際油價大跌，造成股市崩盤。這是不是股神等候已久的黃金雨？我們就靜觀其變，拭目以待！

你要坐在觀眾席，或者上場打擊？

你不須懊惱太晚認識巴菲特，或猶豫現在投資波克夏股票會不會太遲。巴菲特提供投資人兩種極端建議：沒時間做功課的人買ETF（Exchange Traded Fund，全名為「指數股票型基金」），想用心做功課的人集中投資。好比巴菲特最喜歡的棒球運動，球賽前你必須先決定：要坐在觀眾席，還是要走向本壘板當打者？沒有中間模糊地帶，兩者大異其趣，而且時間成本相差百倍。

巴菲特不只一次公開報明牌：如果不想學或學不會如何選股，最簡單有效的投資方法，就是買進「標普500 ETF」（美股代號：VOO或SPY），等於讓美國最大的500家公司每天為你賺錢，而且長期年化報酬率有10%左右。這是老天爺送給美國得天獨厚的禮物，全球其他股市都沒有如此亮眼表現；更棒的是，即使你不在美國，也可以用複委託或透過海外券商投資。

換句話說，如果你在1990年拿100萬元買入標普500 ETF，只要耐心長抱三十年，不需要花時間研究經濟或財報，到2019年就會變成1,700萬元。如果資金十年成長近3倍、二十年成長近7倍、三十年成長超過17倍（如表1-3所示），這樣的財富累積速度可以滿足你的財務目標，那麼標普500指數ETF就可以如你所願，大可不必捨近求遠，多花百倍時間去投資個股，自尋煩惱。就像棒球賽，你只要優閒地坐在觀眾席，喝可樂吃爆米花，偶爾瞄一下記分板分數就好。

表1-3　投資100萬元，四種年化報酬率各自的獲利結果（單位：元）

	5%	10%	15%	20%
0	1,000,000	1,000,000	1,000,000	1,000,000
1	1,050,000	1,100,000	1,150,000	1,200,000
2	1,102,500	1,210,000	1,322,500	1,440,000
3	1,157,625	1,331,000	1,520,875	1,728,000
4	1,215,506	1,464,100	1,749,006	2,073,600
5	1,276,282	1,610,510	2,011,357	2,488,320
6	1,340,096	1,771,561	2,313,061	2,985,984
7	1,407,100	1,948,717	2,660,020	3,583,181
8	1,477,455	2,143,589	3,059,023	4,299,817
9	1,551,328	2,357,948	3,517,876	5,159,780
10	1,628,895	2,593,742	4,045,558	6,191,736
20	2,653,298	6,727,500	16,366,537	38,337,600
30	4,321,942	17,449,402	66,211,772	237,376,314

即使你覺得ETF的10％報酬率就可以接受，另一個重要關卡是，你必須能夠在持股期間不動如山，忍受股市大幅震盪的折磨，才能獲得上述的數倍獲利。如圖1-2所示，如果在2000～2002年連虧三年，你會認賠出場，還是抱緊處理？在2008年金融海嘯或2020年新冠疫情期間，面對自己帳面損失三成，你可以無動於衷嗎？如果你自認神經夠大條，不怕股市刮颱風，ETF可能是適合你的投資選項。

台灣投資人會面臨一個選擇題：可以用台灣50（0050）取代標普500 ETF（VOO）嗎？這就要回歸巴菲特推薦標普500的初衷：投資美國和分散風險。首先，標普500的長期年化報酬率約10％，而台灣50的長期年化報酬率約7％，前者略勝一籌。另外，如表1-4所示，標普500指數有500檔成分股，而且沒有任何一檔成分股超過5％；相較之下，如表1-5所示，台灣50指數只有50檔成分股，其中台積電就占四成權重，可見前者比較充分地分散風險。綜上所述，標普500就像美國最厲害的500位奧運選手，0050則為台灣最棒的50位運動選手，你可以自行判斷取捨，或同時投資VOO和0050也行。

如果你的目標是打敗大盤，追求高於10％的長期報酬率，將巴菲特當作最佳典範，就應該深入研究巴菲特的投資哲學和實戰操作。巴菲特八成時間都在閱讀和思考，並建議專業投資人每天應該看500頁財報，他認為：「投資人要做的事，只是買進價格低於內在價值、管理團隊能幹又有誠信的一流公司，然後永遠抱牢這些股票。」他也主張能力圈內的集中持股，精挑

表1-4 標普500指數成分股	
主要成分股	持股權重
蘋果	4.6%
微軟	4.5%
谷歌	3.0%
亞馬遜	2.9%
臉書	1.8%
摩根大通	1.6%
波克夏	1.6%
嬌生	1.4%
VISA	1.2%
寶僑	1.2%
其他	76.2%

表1-5 台灣50成分股	
主要成分股	持股權重
台積電	40.9%
鴻海	5.2%
聯發科	3.0%
大立光	2.5%
台塑	2.4%
中華電	2.1%
南亞	2.0%
統一	1.8%
兆豐金	1.8%
國泰金	1.8%
其他	34.5%

細選6檔個股就綽綽有餘。因此就像棒球賽親上打擊區體驗，全神貫注面對投手投出的每一球，耐心等待好球再奮力一擊，如果你可以承受球場上的一切壓力，本書就非常適合你繼續看下去，學習如何應用巴菲特投資法，過五關斬六將，笑傲股市。

巴菲特從不吝於分享他的投資觀點，他每年親自撰寫的致波克夏股東信❸，就是公諸於世的武功祕笈，非常值得投資人反覆閱讀。如果你看到英文就頭大，或擔心自己有看沒有懂，本書就是你的最佳入門手冊。我會盡量引用巴菲特的第一手資料，並注明出處，讓你行有餘力時可以中英對照，細細品味原文字裡行間的微言大義。

所謂外行看熱鬧，內行看門道，多數人只看到巴菲特出神入化的選股功力和操盤績效，卻沒看到他攻守兼備的投資紀律與資產配置的靈活布局。巴菲特對風險與報酬的等量齊觀，是發揮複利威力的主要關鍵，以下先簡要說明巴菲特的投資之道。

　　巴菲特不追求投資報酬極大化，但一定堅守賠錢風險極小化。人家問他如何投資賺錢，他說要聽老師的話：「第一條，絕對不要賠錢；第二條，絕對不要忘記第一條。」他終身奉行師父葛拉漢「絕不賠錢」的第一金律。我之前看到這條金律，都認為股神是在「練肖話」，誰投資想賠錢啊！直到巴菲特在2015年揭露其不賠錢的功力：「過去五十年，波克夏公司只有一次投資損失超過淨值的2%，另外兩次投資損失超過淨值的1%。這三筆投資都發生在1974至1975年，而且是為了買更便宜的股票。」❹ 這段神論讓我有被雷打到的感覺！重點不在於你想不想賠錢，而是你有沒有不賠錢的本事。股神近乎龜毛的風險控管，讓波克夏從1975年至今，四十多年竟然沒有任何一筆投資虧損超過淨值1%。本書第八章會進一步闡述巴菲特絕不賠錢的神奇功力。

四大投資心法，滾大複利雪球

　　一般人會認為投資本來就有賺有賠，只要設法讓賺錢的交易多過賠錢的交易就好，因此投資決策流於便宜行事，結果反而是輸多贏少或大賠小賺。相對而言，巴菲特對每筆交易如果沒

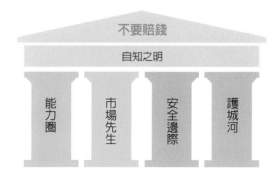

圖1-4　巴菲特投資心法的四大支柱

有九成九的把握，絕不輕易出手，買進時就已經穩操勝算，跟股市名嘴常說的「會買的是徒弟，會賣才是師父」是截然不同的投資思維，高下立判。

巴菲特如何嚴守絕不賠錢超過1％的第一金律？他為什麼能夠獲得20％的長期年化報酬率？除了師承葛拉漢的「市場先生」與「安全邊際」，他再加上自己縱橫股海數十年所領悟的「能力圈」與「護城河」兩個獨到見解，就形成股神投資心法的四大支柱，如圖1-4所示。

能力圈：你比別人厲害的地方

能力圈（Circle of Competence）就是你比其他90％的人有優勢的地方。你必須把自己了解的公司圈起來，能夠判斷哪家公司是未來的贏家，並能合理估算其價值。巴菲特只投資自己可

以輕易搞懂的生意，最好是簡單又能穩健獲利的公司。如果一家公司的生意複雜，牽涉的變數又多，現金流量不好估算，巴菲特通常就不蹚這個渾水。他認為：「對投資人而言，關鍵不在於知道多少，而在於是否可以誠實面對自己的無知。投資人只要避免犯大錯，其實需要做對的事並不多。」❺

巴菲特先用反例說明能力圈的概念：「如果你不確定自己是否比其他人更了解一門生意，且遠比其他人更懂得評估其價值，你根本就不應該參與這場遊戲。就像玩牌的人都知道，如果玩了三十分鐘，你還不知道誰是最弱的肥羊，很有可能你就是這隻待宰的肥羊。」❻ 再舉例說明能力圈的最高境界：「假設你投資一家公司之後，就去荒島度假五年，這段期間你看不到股市行情，也無法下單買賣，如果你可以安心度假，就表示這家公司在你的能力圈內。例如我對可口可樂就有這種感覺。」❼

另外，巴菲特提到：「我們認為投資股票相當於持有公司的一部分，買進股票前，我們會考慮是否可以合理評估這家公司未來五年的獲利。如果可以，而且股價低於公司的內在價值，我們就會買進；如果沒有能力估算，我們就會放棄，然後繼續尋找其他投資機會。」❽

由此可見，巴菲特面對任何一筆投資，沒有九成九的把握，絕不輕易出手！本書第四章會進一步說明「能力圈」的界定和應用。

市場先生：是你的工具人，而非指導老師

巴菲特認為沒有人能靠預測股市或短線進出來累積財富，任何人都做不到。

他曾說：「我的師父葛拉漢把股市擬人化，比喻為市場先生，這是對成功投資的最佳詮釋。市場先生像是你的生意合夥人，他的情緒起伏不定，心情不好的時候，就想把手上的股份用低價賣給你；高興的時候，就想用高價買下你的股份。而且市場先生不在乎受到冷落，就算你相應不理，他也不以為意，每天都會向你報個價，至於是否成交，完全由你決定。所以市場先生的行為愈荒謬，對你愈有利。」❾

巴菲特並進一步提醒投資人：「你應該把市場先生當作你的工具人，而非指導老師；對你有用的是市場先生的口袋，而不是他的腦袋。」短期股價往往會受到市場先生的情緒左右，導致投資人也跟著追高殺低，對公司的內在價值卻視若無睹。就像葛拉漢說的：「短期而言，股市是投票機；長期而言，股市是體重器。」本書第八章會進一步說明面對市場先生的應對之道。

安全邊際：價值投資的核心原則

安全邊際（Margin of Safety）是公司價值與市場價格的有利價差。例如公司的內在價值是100元，目前股價80元，安全邊

際就是20元，也可以說安全邊際有20％（＝(100–80) / 100），相當於打八折。

安全邊際可以讓你在犯錯時少賠，甚至不賠，看對的時候則能賺更多。用5毛錢買價值1元的東西，賺錢機率遠大於賠錢可能性。

另外，巴菲特認為內在價值是唯一合理的評價方式。內在價值的計算不難但容易出錯，所以實務上需要「安全邊際」與「能力圈」兩種投資心法相輔相成，才能降低投資風險，提高獲利績效。

巴菲特非常厭惡風險，所以特別強調：「我們堅持買進價必須有足夠的安全邊際，如果一檔股票的內在價值只比目前股價高一點點，我們不會想要下手買進。葛拉漢認為『安全邊際』是投資最重要的四字箴言，我們深表贊同，且深信不疑。」[10] 股市大跌時，很多人不計成本殺出持股，有時會出現非常不合理的拍賣價，這時候眼明手快大膽買進，就有很大的安全邊際。巴菲特只在股價低於公司內在價值時，才會投資買進。本書的第七章和第八章會分別進一步說明「內在價值」和「安全邊際」的意義與應用。

護城河：公司的持久競爭優勢

護城河（Moat）是巴菲特青出於藍的投資觀點。他的師父葛拉漢藉由「市場先生」與「安全邊際」所投資的，多是所謂

「菸屁股」的平庸公司，只要股價反映公司價值就獲利了結，投資期間最多三到五年。

而巴菲特的最愛是可以抱一輩子、不必考慮賣出時機的投資標的，也就是他所說的：「我們不管是買股票或收購整間公司，都會考慮公司前景及必須支付的價格。我們從不預設賣出價位與持有期間；事實上，只要公司能以令人滿意的速度提升內在價值，我們樂於永久持股。」⓫ 例如巴菲特投資可口可樂四十年，至今一股未賣。

巴菲特跟葛拉漢一樣關注公司的內在價值，而非股價的短期波動。但他更重視投資標的的內在價值成長力，意味著公司要有持久的競爭優勢，也就是他所謂有護城河保護的一流公司。

巴菲特強調：「真正一本萬利的好生意，必須擁有一個『持久的護城河』，以保護居高不下的投資報酬率。資本主義的殘酷現實就是，競爭者會一而再、再而三地攻擊有高報酬的事業城堡，因此一個固若金湯的寬廣護城河，是成功事業可長可久的重要關鍵，例如低成本經營的蓋可保險和好市多，或建構全球知名品牌的可口可樂與美國運通。而以史為鑑，企業護城河消失的例子多到不勝枚舉。」⓬

可口可樂就是擁有寬廣護城河的最佳範例。除了百事可樂足以相提並論之外，其他競爭者都稍縱即逝，例如維珍可樂和娃哈哈的非常可樂都走入歷史，代表可口可樂有非常寬廣的護城河，以保護它的強力印鈔機，讓競爭者看得到卻吃不到。

另外，巴菲特目前最大持股的蘋果公司，在2007年推出

iPhone後，不到五年就把諾基亞與摩托羅拉的手機事業護城河摧毀殆盡。這兩家公司在傳統手機市場曾是數一數二的品牌，現在早已不在智慧型手機的主流之列。

股神功力，集價值投資與成長投資之大成

巴菲特在40歲時曾提到：「我的投資觀念85％來自葛拉漢，另外15％來自費雪。」❸葛拉漢以量化分析為主並重視分散風險，費雪以質化分析為主並主張集中投資，巴菲特則集兩者之大成。

如果說葛拉漢的價值投資法讓巴菲特在股市立於不敗之地，那費雪的成長投資法則是讓巴菲特領悟到，好公司要抱緊處理，才能充分發揮複利威力。隨著波克夏公司規模愈來愈大，巴菲特的投資策略已逐漸從「便宜價買普通公司」，轉變成以「合理價買一流公司」為主。如果現在再問巴菲特同樣的問題，費雪投資觀念對他的影響可能跟葛拉漢不相上下，甚至有過之而無不及吧！

另外值得一提的是，巴菲特認為價值投資的「價值」二字是廢話，誰會投資沒有價值的東西？他甚至直接點破價值投資的迷思：「一般人所謂的價值投資法，通常是指買進低本益比、低股價淨值比或高現金殖利率的股票，但一檔股票就算符合上述條件，也不一定就是物超所值；另一方面，高本益比、高股價淨值比或低殖利率的股票，也可能深具投資價值。」❹而且

巴菲特主張：「用便宜價買平庸公司，不如用合理價買一流公司。」所以，我把巴菲特投資法正名為「一流投資法」，以避免與一般只看本益比或股價淨值比的單因子投資法混為一談。然後，我進一步將巴菲特的「一流投資法」，轉化成一套可活學活用的投資SOP，稱為「一流投資架構」，也就是本書第三章到第九章的主要內容。

結語：投資只要學好兩門課

　　圖1-4的四大投資心法讓巴菲特能夠專注於集中投資，用重押高勝率的方式，降低風險並提高投資勝算。巴菲特強調：「我們集中投資在少數我們了解的公司上，當好不容易找到這樣的公司，我們希望能夠充分參與。」[13] 他還說到：「我們不認同分散投資的概念。很多學者覺得我們的投資過度集中且風險太高，但我們的投資觀點恰好相反：集中投資在精挑細選的一流公司，才能真正降低風險！」[16]

　　巴菲特總結，股票投資只要學好兩門課：「如何評估公司價值」及「如何看待市場價格」。跟著巴菲特學投資，關鍵在於要攻守兼備，才算得其精髓。他認為：「投資很簡單，你要做的只是買進價格低於內在價值、管理團隊能幹又有誠信的一流公司，然後永遠抱牢這些股票。」所以，巴菲特的投資哲學可濃縮成十二字：「找好公司，等好價位，大賺小賠。」

　　一代宗師巴菲特是學習股票投資的最佳榜樣，跟大師學習

一年，勝過自己閉門造車十年。選擇比努力重要，站在巨人的肩膀上，沿著投資正道持續前進，勝過各種五花八門的投資技巧。徹底了解巴菲特的投資哲學，並設法學以致用，才能真正提升自己的投資功力，這就是本書的主要目標。

我嘗試以圖文並茂、深入淺出的寫作方式，為巴菲特投資法正本清源，並為台股價值投資另闢蹊徑。本書的「一流投資架構」是一套簡單易上手的投資操作手冊，方便大家活學活用，希望能幫助你變成愈來愈強的一流投資人，有機會獲得愈來愈好的一流投資績效。

本章學習重點

1 巴菲特的長期年化報酬率約20%

2 巴菲特強力推薦的投資標的：標普500指數ETF

3 巴菲特投資心法的四大支柱：能力圈、市場先生、安全邊際和護城河

4 巴菲特投資哲學的十二字口訣：找好公司．等好價位．大賺小賠

5 巴菲特認為集中投資反而可以降低風險

波克夏公司的投資組合與資本配置

巴菲特說他每天跳著踢踏舞上班，讓我們來瞧瞧他掌管的波克夏公司，其資產配置與投資組合有何神奇之處，也可檢視巴菲特的操盤手法與其投資理念是否一致。

資產配置，攻守兼備的投資利器

巴菲特雖然被尊稱為股神，股票投資也只占波克夏公司淨值的六成左右。如圖1-5所示，2019年底波克夏公司淨值為4,248億美元，股票投資有2,480億美元的市值，現金部位上升至1,280億美元，外加187億美元的固定收益投資，其中固定收益投資包括債券和特別股。

巴菲特對波克夏公司資金的靈活布局，較少受到外界關注，卻是波克夏穩健成長，甚至在空頭市場彎道超車的主要關鍵。由圖1-5可看出，從2008年的金融海嘯至今，巴菲特逐年降低固定收益投資比重，從2009年占波克夏淨值將近30%，減少到2019年底只剩4%。

另一方面，巴菲特從2009年開始，幾乎每年在股市都是買進金額大於賣出金額，再加上這十年的多頭行情，也導致波克夏的持股市值從2010年不到淨值40%，一路拉升至2019年將近淨值60%。

近年來，波克夏的現金水位頻創新高，2019年底已占淨值

30%，接近金融海嘯前的比例，代表現階段巴菲特無法找到好價位的好公司。雖然滿手現金，他還是堅守投資紀律，不因外界壓力而輕易出手，耐心等待最佳買進時機。

圖1-5　巴菲特的資金配置

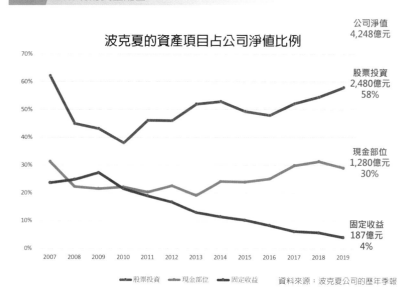

波克夏的資產項目占公司淨值比例

公司淨值
4,248億元

股票投資
2,480億元
58%

現金部位
1,280億元
30%

固定收益
187億元
4%

資料來源：波克夏公司的歷年季報

股票投資，兼顧報酬與風險

　　由圖1-6可看出，波克夏公司的持股非常集中。2019年底的持股市值高達2,420億美元，只持有52檔個股，其中最大持股蘋果公司（美股代號：AAPL）的市值737億美元，就占持股市值近三成；前三大持股市值就超過持股市值一半，而且前十大持股也占了持股市值的八成。

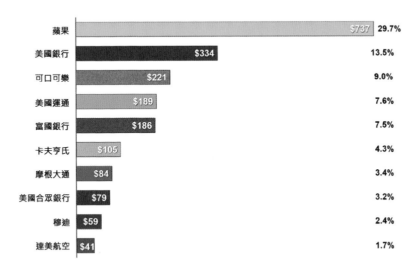

圖1-6　波克夏公司前十大持股的市值與權重（截至2019/12/31）

蘋果	$737	29.7%
美國銀行	$334	13.5%
可口可樂	$221	9.0%
美國運通	$189	7.6%
富國銀行	$186	7.5%
卡夫亨氏	$105	4.3%
摩根大通	$84	3.4%
美國合眾銀行	$79	3.2%
穆迪	$59	2.4%
達美航空	$41	1.7%

資料來源：波克夏公司2019年第四季13-F文件

　　我將波克夏公司前十大持股的十年變化，做成一支50秒的短片，掃描下面的QR Code或直接輸入章末注釋裡的短網址⓱，即可觀察巴菲特投資操作的動態變化。影片中可看出巴菲特近十年的股票投資操作，每年都是買股金額大於賣股金額，唯有2019年例外，是淨賣超，或許值得投資人放在心上。

波克夏公司十大持股的十年變化動態

另外整理波克夏前五大持股的重點如下：

1. **蘋果公司（AAPL）**：從2016年開始買進，2017年與2018年持續加碼，最多持有2億5千萬股，市值由360億美元翻倍變成740億美元，獲利超過1倍。2019年賣出1千萬股，約減持4%股數。

2. **美國銀行（BAC）**：2009年先買進利率9%的特別股，2017年轉換成7億股的普通股，並於2018年與2019年加碼買進，最多持有9億多股，從130億美元變成300億美元，獲利超過1倍。2019年第四季少量減碼。

3. **富國銀行（WFC）**：持股二十多年，從70億美元變成180多億美元，獲利數倍。金融海嘯後，從2009至2013年連續加碼買進，2015年最後加碼湊足5億股。但2017年富國銀行發生欺騙客戶的醜聞後，即開始連續三年減持。

4. **可口可樂（KO）**：從1988年連續兩年大力買進2億股至今，四十多年一股未賣，從13億美元變成220億美元，獲利16倍。

5. **美國運通（AXP）**：1991年投資3億美元，買進利率8.85%的特別股。1994年以24.5美元轉換成1,224.5萬股的普通股，同年又加碼4.2億美元買進1,552萬股。1995年與1998年陸續增持。持股至今，一股未賣，從14億美元變成190億美元，獲利13倍。

綜上所述，巴菲特不輕易賣股，尤其是一流公司的持股。雖然會每季汰弱擇強，但週轉率很低，一方面降低交易成本，另一方面也避免資本利得稅侵蝕稅後淨利。巴菲特說他對好公司偏好的持有時間是永遠，只要公司經營良好，就不輕易賣出持股。不過，巴菲特的股票組合並非不動如山，例如近十年的持股市值榜首，就由可口可樂、富國銀行、卡夫亨氏、蘋果公司輪流擔綱，更能看出巴菲特的靈活操盤功力。

❶ 《富比士》全球富豪排行榜：https://www.forbes.com/billionaires
❷ 《Business Week》1999/07/05專訪文章
❸ 巴菲特致波克夏公司股東信的官網連結：https://www.berkshirehathaway.com/letters/letters.html
❹ 資料來源：2014年巴菲特致波克夏股東信
❺ 資料來源：1992年巴菲特致波克夏股東信
❻ 資料來源：1987年巴菲特致波克夏股東信
❼ 資料來源：1988年巴菲特致波克夏股東信
❽ 資料來源：2013年巴菲特致波克夏股東信
❾ 資料來源：1987年巴菲特致波克夏股東信
❿ 資料來源：1992年巴菲特致波克夏股東信
⓫ 資料來源：1987年巴菲特致波克夏股東信
⓬ 資料來源：2007年巴菲特致波克夏股東信
⓭ 資料來源：1969年巴菲特致波克夏股東信
⓮ 資料來源：1987年巴菲特致波克夏股東信
⓯ 資料來源：1988年巴菲特致波克夏股東信
⓰ 資料來源：1993年巴菲特致波克夏股東信
⓱ 波克夏公司主要持股的十年變化：https://youtu.be/gD7L2P_mHAI

第二章

畢卡胡的
三好一公道
選股術

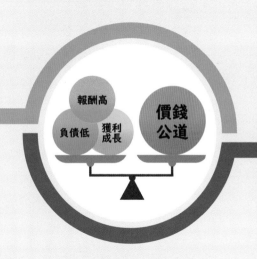

我們一貫堅持的投資標準:
❶ 獲利的大公司
❷ 持續的獲利能力
❸ ROE高且負債低
❹ 優秀的經營團隊
❺ 簡單的商業模式
❻ 合理的價位
　　——華倫‧巴菲特

巴菲特的投資標準是最簡單易學的入門起手式，所以本章先介紹股神數十年身體力行且重申多次的選股條件，並將其簡化爲好記好用的「三好一公道選股術」；接著，再說明如何運用三好一公道找出好價位的好公司；最後的個案研究則教你善用投資工具，一分鐘就能在台股應用本章所學。藉由「三好一公道選股術」，活學活用巴菲特的基本招式，讓你選股不必大海撈針，投資省時省力、事半功倍。

三好一公道，好股票的必要條件

　　巴菲特修行數十年的投資心法與操盤功力，好比金庸小說的降龍十八掌，投資新手只能遠觀欣賞，老手也很難全盤掌握。高手欲練神功，除了深入研究股神的第一手資料之外，更要靠個人的實戰驗證，才有辦法融會貫通（幸好巴菲特神功是降龍十八掌，而非葵花寶典）。不過，只要先學會巴菲特的一招半式，也能在股市小試身手，獲得不錯的成績。

　　巴菲特的選股條件簡而言之就是「以好價位買進好公司」，而看懂財報數字就是找好公司的基本功。巴菲特在投資任何一家公司之前，一定會研究這家公司的歷年財務報表，甚至有些公司的營收獲利數字，他都能如數家珍，倒背如流；如果好公司股價太高，巴菲特寧可耐心等待數年，也不會直接追高買進。

　　本章先介紹巴菲特投資的必要條件──所謂必要條件是指，

不符合這些選股條件，巴菲特通常就不列入考慮；符合這些選股條件，他也不會照單全收，而是綜合其他因素全盤考量後，再決定是否值得買進。下一章會介紹巴菲特投資法的充分條件，說明除了必要的選股條件之外，巴菲特還會考慮哪些因素，做出的投資決策才能大賺小賠，打敗大盤，年賺20%。

巴菲特在每年致波克夏股東的信中親自傳授的投資觀點，雖然淺顯直白，但言簡意賅，若無人從旁指點，初學者自行摸索難免事倍功半。巴菲特數十年奉行不悖的選股條件，就讓我從頭說起，帶領你進入股神的智慧殿堂。

在1977年致波克夏股東信中，巴菲特首次提出以質化分析為主的選股四要點（以下簡稱「巴四點」）：

1. 自己看得懂（one that we can understand）
2. 公司前景佳（with favorable long-term prospects）
3. 經營者能幹又值得信賴
   （operated by honest and competent people）
4. 價格非常有吸引力（available at a very attractive price）

1992年致波克夏股東信再度提及巴四點，並將第四點標準降低，刪除「非常」二字，以「價格有吸引力」取代「價格非常有吸引力」；之後在2007年致股東信中重申前三點依然不變，第四點「價格有吸引力」進一步修正為「價格合理」；2019年致股東信也維持「價格合理」，另加上「必須」二字（they must be available at a sensible price），因為便宜價的好公司愈來愈少，而且巴菲特也逐漸願意以合理價買進好公司。

我們用巴菲特重押可口可樂的投資案例來印證巴四點。巴菲特從小就跟可口可樂（美股代號：KO）結下不解之緣，但因其股價太高而苦無下手機會，直到1987年美股崩盤後，股神見機不可失，連續兩年大舉買進可口可樂股票，整理如表2-1所示。

表2-1　巴菲特的選股四要點，以可口可樂公司為例

	巴四點	可口可樂（美股代號：KO）
1	自己看得懂	行銷可口可樂到全世界每個角落 全球市占率最高的軟性飲料公司 1985年巴菲特從百事可樂改喝可口可樂 1986年波克夏公司股東會的指定飲料變成櫻桃口味可口可樂
2	公司前景佳	ROE十年平均23.2%（1978～1987） 每股盈餘十年複合成長率10.6% 全球知名且最有價值的飲料品牌 國內外市場業績持續大幅成長
3	經營者能幹 又值得信賴	1981年Roberto Goizueta接任CEO之後，專注提升股東權益，聚焦本業，大幅裁撤不相關的多角化事業
4	價格 有吸引力	1988年買進均價41.8美元，本益比約17.2倍 1989年買進均價47美元，本益比約18.5倍

另外，在1982年致波克夏股東信中，巴菲特首度提出包含量化指標的投資六要件（以下簡稱「巴六條」）：

1. 獲利的大公司　　　2. 持續的獲利能力
3. ROE高且負債低　　4. 優秀的經營團隊
5. 簡單的商業模式　　6. 合理的報價

上述巴六條持續數十年未變，只有第一條「獲利的大公司」隨著波克夏規模愈來愈大，對所謂大公司的獲利底線標準也愈來愈高，由1982年要求稅後淨利500萬美元以上，增加到2002年的稅前淨利5,000萬美元，2014年再提高到稅前淨利7,500萬美元。

我們以蘋果公司為例，來印證巴六條，如表2-2所示。波克夏公司從2016年開始，連續三年大舉買進蘋果公司股票（美股代號：AAPL），蘋果也從2018年起躍居波克夏的最大持股。

我依據巴菲特投資六要件的量化指標，加上一些個人主觀見解，創造出「三好一公道選股術」，或許與巴菲特的本意略有差異，但至少可作為學習巴菲特神功的起手式。

「三好一公道」的定義為：報酬高、負債低、獲利成長、價錢公道；也就是股東權益報酬率（ROE）要高、淨負債愈少愈好、每股盈餘（EPS）要成長、本益比要合理。其中「三好」代表好公司，「一公道」代表好價位，所以，用這招就能找出好價位的好公司。

表2-2　巴菲特的投資六要件，以蘋果公司為例

	巴六條	蘋果（美股代號：AAPL）
1	獲利的大公司	2016年稅前淨利614億美元 2017年稅前淨利641億美元
2	持續的獲利能力	每股盈餘十年複合成長率32.3% 蘋果iOS專屬生態系日益擴大 Apple連續七年蟬聯全世界最有價值品牌
3	ROE高且負債低	ROE十年平均32.4%（2008～2017） 連續十年淨現金經營（沒有淨負債）
4	優秀的經營團隊	2011年Tim Cook正式接任CEO 經營團隊在公司的年資多在十年以上
5	簡單的商業模式	完美設計的高質感產品，讓用戶愛不釋手 用戶一用變果粉，而離不開iOS生態系 從產品設計到銷售通路，蘋果完全掌握
6	合理的報價	2016年買進均價110美元，本益比12.2倍 2017年買進均價135美元，本益比14.8倍 2018年買進均價170美元，本益比17.5倍

第一好：股東權益報酬率要居高不下

　　股東權益報酬率（Return on Equity，簡稱ROE）是巴菲特最重視的財務指標。ROE代表公司運用股東資金的效益，這個數字愈高代表用相同的資本能為股東賺更多錢。巴菲特非常重視投資標的的長期ROE表現，如果一家公司的ROE能居高不下，

代表該公司具備持久的競爭優勢，是「三好一公道選股術」的第一要件。

巴菲特在1987年致波克夏股東信中提到：「在1977至1986年期間，美國一千大公司之中，只有25家公司能符合兩項營運績效標準：ROE十年平均大於20％，並且沒有任一年ROE小於15％。這25家公司不但是產業巨星，也是績優成長股。在這十年期間，其中24家公司股票的投資報酬率，都超越標普500指數。」這代表只要「ROE居高不下」，投資獲利就有96％的機率可以打敗大盤。巴菲特是以簡馭繁的高手，在這裡點出「股東權益報酬率」是最重要的長期財務指標。

在此特別提醒大家不要搞錯方向，巴菲特所提的十年ROE與十年投資報酬率，都是指同一段期間；也就是說，投資「未來」ROE居高不下的個股，你的「未來」投資報酬率打敗大盤的機率非常高，若是誤解成只要買進「過去」ROE居高不下的個股，你的「未來」投資報酬率一定能打敗大盤，就畫錯重點囉！

我們用上述十年ROE的嚴格標準，來檢驗2009～2018年期間的台股上市櫃公司：符合十年ROE大於20％，且沒有任一年ROE小於15％條件的，只有18家公司，如圖2-1所示。這18檔個股的十年累積報酬率平均為480％，遠優於元大台灣50（0050）的累積報酬率101％，其中有3檔還是「十倍股」，長抱十年可獲利10倍以上，包括寶雅（5904）的投資獲利超過16倍、鼎翰（3611）獲利13倍及大立光（3008）獲利12倍，這3

家公司的十年平均ROE分別為32.9%、30.5%、29.4%，也代表
未來ROE高達30%左右的個股，出現十倍股的機率較高。

圖2-1 ROE居高不下的台股績優生（2008～2017年）

選股條件：ROE 近十年平均大於20% 且 每一年ROE都大於15% (2008~2017)

	ROE 十年平均	十年 總報酬率	十年 年化報酬率		ROE 十年平均	十年 總報酬率	十年 年化報酬率
精華	36.4%	641%	22.2%	台灣大	26.3%	215%	12.2%
統一超	31.2%	312%	15.2%	博大	25.4%	305%	15.0%
新麥	31.0%	718%	23.4%	全家	24.6%	328%	15.7%
大立光	30.1%	1216%	29.4%	台積電	24.3%	406%	17.6%
振樺電	29.6%	233%	12.8%	飛捷	23.5%	119%	8.1%
晶華	29.2%	-29%	-3.3%	耕興	23.3%	435%	18.3%
鼎翰	29.0%	1333%	30.5%	大統益	22.2%	272%	14.1%
中碳	27.3%	185%	11.0%	聚鼎	20.9%	239%	13.0%
寶雅	27.1%	1618%	32.9%	群光	20.8%	166%	10.3%

比較基準 台灣五十(0050) 十年總報酬率：**101%** 十年年化報酬率：**7.2%**

　　「三好一公道選股術」的第一好「股東權益報酬率要高」，
嚴選條件設定為「近四季ROE大於15%，且近十年ROE高於
15%」，優於台股上市公司ROE長期平均10%的水準，以利有
機會達到巴菲特定義的「未來ROE居高不下」的門檻。根據統
計，十年ROE大於15%的上市櫃公司，超過八成次年ROE仍會
大於15%。

　　為什麼巴菲特最重視ROE，而不是每股盈餘、毛利率或本益
比？因為長期而言，股東權益報酬率會等於公司獲利成長率，

也會接近股東的實際報酬率；也就是說，ROE居高不下就表示公司獲利愈來愈好，如果本益比維持不變，長期ROE甚至可視為投資人的預期報酬率。個中道理大致說明如下。

ROE定義為淨利除以股東權益，也相當於每股盈餘除以每股淨值，所以今年每股盈餘可約略簡化為去年每股淨值乘以今年ROE。如果公司沒有配發股息，今年每股淨值等於去年每股淨值加上今年每股盈餘。上述說明可條列成算式1及算式2兩個等式：

今年每股盈餘 ＝ 去年每股淨值 ✕ 今年ROE（算式1）
今年每股淨值 ＝ 去年每股淨值 ＋ 今年每股盈餘（算式2）

不要看到數學式就嚇到，算式1及算式2只是加減乘除的國小數學。接著，我們用這兩個算式推估圖2-2的A公司未來十年每股盈餘，逐年計算如下：

2020年　每股盈餘＝10 ✕ 20％＝2
2020年　每股淨值＝10 ＋ 2＝12
2021年　每股盈餘＝12 ✕ 20％＝2.4
2021年　每股淨值＝12 ＋ 2.4＝14.4
……
2029年　每股盈餘＝51.61 ✕ 20％＝10.32

另外，圖2-2的B公司也比照辦理，逐年計算如下：

2020年　每股盈餘 = 10 ✕ 10% = 1

2020年　每股淨值 = 10 ＋ 1 = 11

2021年　每股盈餘 = 11 ✕ 10% = 1.1

2021年　每股淨值 = 11 ＋ 1.1 = 12.1

……

2029年　每股盈餘 = 23.57 ✕ 10% = 2.36

　　我們進一步說明為什麼ROE是影響長期投資報酬率的主要因素。假設2020年A公司股價40元、本益比為20倍，B公司股價10元、本益比為10倍，如果甲用100萬元買進25張A公司股票，乙

圖2-2　股東權益報酬率等於公司獲利成長率

用100萬元買進100張B公司股票，十年後，A公司的2029年每股盈餘為10.32元，B公司的2029年每股盈餘為2.36元。如果兩家公司的本益比維持不變，A公司的2029年股價為206.4元（＝10.32×20），B公司的2029年股價為23.6元（＝2.36×10），甲的100萬元會變成516萬元，乙的100萬元會變成236萬元，而且甲的年化報酬率為20%，乙的年化報酬率為10%。

由上述例子可清楚看出，長期而言，股東權益報酬率愈高，投資報酬率就愈好。所以，巴菲特最重視ROE這項指標並非主觀上的情有獨鍾，而是有客觀上的理論根據。因此，在「三好一公道選股術」中，ROE是當仁不讓的男主角。

第二好：淨負債要愈少愈好

巴菲特在1987年致波克夏股東信中同時提到：「ROE居高不下的公司很少使用財務槓桿，真正的好生意根本不需要舉債經營。」投資股票如果用融資買進，一旦遇到股市崩盤或個股大跌，就會有斷頭出場的風險。同樣的道理，企業如果要穩健成長，最好不要大幅舉債，以免遇到金融風暴或產業逆風時會有週轉不靈甚至倒閉的經營風險。

一般而言，公司的「負債」是指資產負債表的負債總額，其中包含金融負債（例如銀行借款）和營運負債（例如應付帳款），而「負債比」定義為負債總額除以資產總額。我們以表2-3的統一超（2912）為例，2019年資產總額為1,951億元，負

債總額為1,499億元，負債比等於77%（＝1499 / 1951）。統一超的負債比看似很高，投資人卻無須擔憂，因為其中很少金融負債，長短期銀行借款占負債總額不到5%（＝65 / 1499），因為統一超的主業7-11超商是收現金的生意，根本不需要舉債經營。所以對投資人而言，「負債比」的效用不大。

表2-3　統一超的資產與負債（2019/12/31）

資產		負債	
現金及約當現金	454億元	應付帳款及票據	248億元
流動金融資產	17億元	其他應付款	266億元
……		短期借款	60億元
		長期借款	5億元
		……	
資產總額	1,951億元	負債總額	1,499億元

「淨負債」才是專業法人評估負債風險的實用指標。淨負債定義為長短期金融負債減去現金部位，其中現金部位包含現金、約當現金與流動金融資產。例如統一超的淨負債小於0，近十年都是以淨現金經營，公司成長都是用自有資金支應，從來沒有向股東增資要錢，可見其穩健經營之道。統一超的淨負債計算如下：

淨負債 ＝（短期借款＋長期借款）
　　　　－（現金及約當現金＋流動金融資產）
　　　＝（60億＋5億）－（454億＋17億）
　　　＝ -406億 ＜ 0

　　「淨負債比」定義爲淨負債除以股東權益總額，淨負債愈少
愈好，投資人可用淨負債比來評估個股之間的相對風險：淨負
債比愈低的公司，財務槓桿愈小，投資風險相對較低。

　　巴菲特投資六要件的「負債愈少愈好，最好沒有負債」，所
指的負債是「淨負債」的概念，因爲企業都有應付帳款，會計
科目不可能沒有負債。我們用「三好一公道選股術」的「淨負
債要低」來檢視台股，出乎意料竟然有900多檔個股符合「淨負
債小於0」這個嚴選條件，可見大多數上市櫃公司都是淨現金經
營，在舉債上非常節制。「沒有淨負債」這個條件雖然看似寬
鬆，有時卻是投資人的保命符。

第三好：每股盈餘要成長

　　只要股東權益報酬率居高不下，就算ROE數值不增不減，
每股盈餘（EPS）也會穩定成長，如圖2-2的A公司，ROE維持
在20％不變，每股盈餘有20％的成長率。好公司的股價通常
不便宜，所以公司遭遇逆境或財報不如預期時，才會出現合理
價、甚至便宜價的投資機會。爲避免接刀接到手軟與一買就

套的時間壓力，靜待公司重啓成長動能，或許是個不錯的投資催化劑，所以「三好一公道選股術」的第三好「每股盈餘要成長」，嚴選條件設定爲「近四季EPS年增率大於0」。

如果手中持股的每股盈餘沒有成長，該如何處理？只要確認公司是一時獲利衰退，好公司的體質沒變壞，就不必急於賣出；反之，如果是空手打算買進，爲保守起見，就可觀察「近四季EPS年增率大於0」的催化劑。我們以寶雅（5904）和台積電（2330）爲例，分別說明如下。

寶雅的十年ROE平均值爲33.6％，2009年ROE爲15.8％，之後逐年增加，到了2019年ROE已升至44.6％，如圖2-3所示。所以，寶雅的每股盈餘從2009年的2.25元，逐年遞增到2019年的19.31元，獲利年年增加，每股盈餘的年化成長率也高達21.4％，如圖2-4所示。

台積電的十年ROE平均爲24.2％，在2010年曾高達30.1％，但從2014年的27.8％之後，連續五年下滑，回落到2019年的20.9％，如圖2-5所示。對應每股盈餘從2009年的3.45元，成長到2019年的13.32元，每股盈餘的十年複合成長率約11.4％；但2019年每股盈餘13.32元，較2018年的每股盈餘13.54元微幅衰退，如圖2-6所示。

如何判斷近四季EPS年增率是否爲正？我們同樣以台積電爲例，如圖2-5所示，台積電的2019年每股盈餘比2018年衰退，此時就不符合第三好的嚴選條件「近四季EPS年增率大於0」。直到2020年4月中台積電法說會公布第一季每股盈餘爲4.51元，

圖2-3 寶雅的十年ROE與每股盈餘

年度	ROE	每股淨值	每股盈餘	現金股利
2010	20.1%	17.7	3.23	2.80
2011	21.0%	18.6	3.72	3.28
2012	24.8%	20.1	4.62	4.10
2013	29.3%	21.8	5.97	4.80
2014	34.9%	25.5	8.14	7.40
2015	37.1%	28.7	9.90	8.80
2016	39.8%	32.6	12.01	10.70
2017	42.2%	37.2	14.63	13.00
2018	44.4%	41.7	17.50	15.75
2019	44.6%	45.0	19.31	17.10

圖2-4 寶雅的每股盈餘成長趨勢

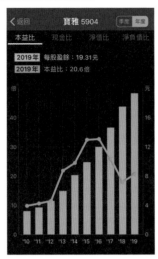

圖2-5 台積電的十年ROE與每股盈餘

年度	ROE	每股淨值	每股盈餘	現金股利
2010	30.1%	22.2	6.24	3.00
2011	22.2%	24.3	5.18	3.00
2012	24.6%	27.9	6.42	3.00
2013	23.9%	32.7	7.26	3.00
2014	27.8%	40.3	10.18	4.50
2015	27.0%	47.1	11.82	6.00
2016	25.6%	53.6	12.89	7.00
2017	23.6%	58.7	13.23	8.00
2018	21.9%	64.7	13.54	8.00
2019	20.9%	62.5	13.32	9.50

圖2-6 台積電的每股盈餘成長趨勢

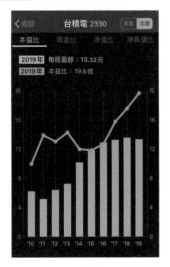

資料來源：台股價值站

我們可藉此計算得出近四季EPS變成15.45元，高於前期的12.46元，此時就符合「近四季EPS年增率大於0」，如表2-4所示。因為台積電的在外流通股數都沒有變動，近四季EPS可由最近四個季度EPS直接相加，計算如下：

近四季EPS（當期）
＝2019第二季EPS＋2019第三季EPS＋2019第四季EPS＋
2020第一季EPS
＝2.57＋3.90＋4.47＋4.51
＝15.45（元）

近四季EPS（前期）
＝2018第二季EPS＋2018第三季EPS＋2018第四季EPS＋
2019第一季EPS
＝2.79＋3.44＋3.86 +2.37
＝12.46（元）

表2-4　台積電的季度每股盈餘與近四季每股盈餘

每股盈餘（EPS）		每股盈餘（EPS）	
2019第二季	2.57元	2018第二季	2.79元
2019第三季	3.90元	2018第三季	3.44元
2019第四季	4.47元	2018第四季	3.86元
2020第一季	4.51元	2019第一季	2.37元
近四季（當期）	15.45元	近四季（前期）	12.46元

所以，

當期近四季EPS＝15.45元＞前期近四季EPS＝12.46元

一公道：本益比要合理

我們可由表2-5看出，巴菲特數十年的重大投資案例，絕大多數買進均價的本益比都不超過20倍。所以，「三好一公道選股術」的「價錢公道」，就是本益比要合理，嚴選條件定義為

表2-5 巴菲特的重大投資案例（投資金額與股價單位：美元）

年度	公司	投資金額	股數	平均股價	本益比
1988	可口可樂	5.9億元	14,172,500	41.8	17.2倍
1989	可口可樂	4.3億元	9,177,500	47.0	18.5倍
2008	嬌生	18.5億元	30,009,591	61.5	14.7倍
2008	沃爾瑪	9.4億元	19,944,300	47.2	14.9倍
2009	沃爾瑪	9.5億元	15,786,291	60.2	16.4倍
2010	嬌生	10.3億元	16,492,096	62.2	13.4倍
2011	IBM	108.6億元	63,905,931	170.0	15.3倍
2012	IBM	8.2億元	4,209,553	195.7	15.0倍
2014	IBM	14.8億元	8,849,833	166.8	11.6倍
2014	沃爾瑪	8.2億元	10,901,560	75.4	14.8倍
2016	蘋果	67.5億元	61,242,252	110.2	12.2倍
2017	蘋果	142.2億元	105,470,557	134.8	14.8倍
2018	蘋果	150.9億元	88,587,120	170.3	17.5倍

資料來源：歷年的巴菲特致波克夏股東信

「近四季本益比小於20倍」。

好股票就是好價位的好公司，但順序是要先找到好公司，然後再等待好價位下手。「三好一公道選股術」的「三好」就是用ROE、淨負債及EPS成長這三項指標來找好公司，最後再用「一公道」本益比來把關，檢視價格是否合理。如果股價太高，不管其他條件有多誘人，投資人最好還是少碰為妙。

本益比是投資人最常用的評價指標，其定義為股價除以每股盈餘，也等於公司市值除以稅後淨利。本益比顧名思義就是指「本金與獲利的比值」，但如何以本益比判斷股價是高估或低估，卻是見仁見智，也是同一價位有人買也有人賣的原因之一。我們可從兩個層面來探討。

首先是：本益比的分母要用哪一個「每股盈餘」？最簡單的就是採用最近一年財報的每股盈餘，可以從公司的第四季財報得到這個數值，例如台積電2019年EPS為13.32元，如果股價300元，近一年本益比為22.5倍（＝300 / 13.32）。為了得到最接近公司現況的已知本益比，比較好的方式是採用近四季每股盈餘，如果流通在外股數變動不大，可直接用每一季的EPS相加。例如台積電的2019第二季到2020第一季的每股盈餘分別為2.57元、3.9元、4.47元及4.51元，將上述四季EPS相加，得出近四季EPS為15.45元（＝2.57＋3.9＋4.47＋4.51），近四季本益比則為19.4倍（＝300 / 15.45）。

因為投資股票是投資未來，更好的做法是自行預估今年每股盈餘，或參考券商法人的估值，再用預估每股盈餘來計算預估

本益比。不過，預估本益比會因人而異。假如你預估2020年每股盈餘16元，相對於300元的股價，你的預估本益比即為18.75倍（＝300/16）。

其次是：本益比幾倍才合理？本益比相當於投資本金除以每年獲利，如果公司的每年獲利相同，本益比可視為多少年可回本的概念，例如本益比10倍代表十年可回本，20倍就代表二十年可回本，所以本益比愈高，回本的時間愈久。但這種說法讓我感到困惑，難道投資人買進20倍本益比的股票時，心裡真的是想要二十年才回本嗎？

表2-6　本益比與每股盈餘成長率

本益比	12倍	15倍	20倍	30倍
股價	12.00	15.00	20.00	30.00
EPS成長率	12%	15%	20%	30%
去年EPS	1.00	1.00	1.00	1.00
第一年EPS	1.12	1.15	1.20	1.30
第二年EPS	1.25	1.32	1.44	1.69
第三年EPS	1.40	1.52	1.73	2.20
第四年EPS	1.57	1.75	2.07	2.86
第五年EPS	1.76	2.01	2.49	3.71
第六年EPS	1.97	2.31	2.99	4.83
第七年EPS	2.21	2.66	3.58	6.27
第八年EPS	2.48	3.06	4.30	8.16
八年EPS合計	13.78	15.79	19.80	31.01

實務上，本益比通常與公司的獲利成長息息相關，如果公司沒有成長性，本益比通常落在10倍以下。假如公司的每股盈餘成長率分別為12％、15％或20％，投資人可能願意分別給予12倍、15倍或20倍的本益比。

理論上，如果本益比等於每股盈餘預期成長率，而且每股盈餘的成長率真如預期，不論本益比為12倍、15倍或20倍，都大約是八年左右可回本，如表2-6所示。這代表不論用多少倍本益比買股票，投資人都希望愈快回本愈好。

但根據統計資料，台股1,700多家上市櫃公司之中，每股盈餘五年複合成長率高於20％的公司不到100家，且市值多在1,000億元以下，如圖2-7所示。所以，不論多麼看好一檔潛力股，本益比如果超過20倍，最好不要貿然下手，耐心等待方為上策。

圖2-7　每股盈餘五年成長率大於20%

	04-10收盤價	每股盈餘五年成長率大於20%	市值大於0億元
智邦	178.50	54.9%	996
華新科	180.00	68.8%	874
力成	91.40	49.7%	712
台勝科	132.00	40.5%	512
中美晶	86.00	31.0%	504
聯茂	141.00	32.4%	470
祥碩	779.00	39.9%	467
鈊象	593.00	56.4%	418
信驊	1060.00	22.1%	363
漢唐	175.00	29.9%	334
神達	29.15	21.5%	314
義隆	89.00	23.4%	271
美律	130.00	20.1%	271
日友	236.50	24.3%	264

結語：三好一公道選股不選市，隨時找出好股票

「三好一公道選股術」綜合ROE、淨負債、每股盈餘成長及本益比四個指標，不但兼顧好公司與好價位，而且避免了只看單一指標容易以偏概全的弊病。這四項指標是否有輕重之分？我們可把「ROE」當男主角，負責找出好公司；「本益比」是女主角，避免盲目追高；「EPS年增率」是男配角，伺機乘勝追擊；「淨負債」則是女配角，小心駛得萬年船。

隨著股市波動與財報公布，符合「三好一公道選股術」的入圍名單可能初一十五不一樣，投資人可秉持選股不選市的精神，隨時都能找到好股票。三好條件的「近四季ROE」「近四

表2-7　用三好一公道選股條件找出自己的潛力股

	符合三好一公道期間	當時股價（平均股價）	2020/03/31股價	迄2020/03/31報酬率
台積電	2019//01/01～2019/04/30	200～250（225元）	274元	26%
漢唐	2019/01/01～2019/12/31	55～183（120元）	165.5元	48%
勤誠	2019/01/01～2019/12/31	42～94（68元）	74.7元	16%
大立光	2019/01/01～2019/02/05	2905～3950（3420元）	3830元	14%
鈊象	2019/11/01～2019/12/31	340～460（400元）	552元	38%

注：報酬率包括價差和現金股息

季EPS年增率」和「近一季淨負債」會隨著每季季報公布而更新，而一公道條件的「近四季本益比」更會隨著每日股價而變動。例如我在2019年期間，藉由三好一公道嚴選條件找到的潛力股（如表2-7所示），即使經歷2020年第一季股市大跌20%的衝擊，仍可維持正報酬。

以2020年3月底的台股為例，1,700多家上市櫃公司之中，符合第一好「近四季ROE與近十年ROE都大於15%」的有140家，符合第二好「近一季淨負債比小於0」的有998家，符合第三好「近四季EPS年增率大於0」的有610家，符合一公道「近四季本益比小於20倍」的有930家，而完全符合「三好一公道」嚴選條件的只有65家，如圖2-8所示。

另外，許多人投資股票都習慣跟著感覺走，懶得去查證數據。例如有人認為只有中華電（2412）這種大牛股，才可能是

圖2-8 符合「三好一公道」嚴選條件的上市櫃公司家數

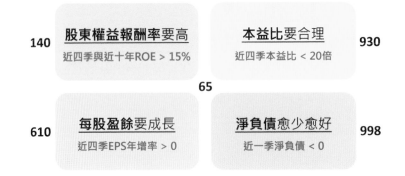

「三好一公道選股術」的投資標的，結果恰好相反：中華電除了沒有淨負債之外，股東權益報酬率、EPS成長率和本益比都不符合「三好一公道」的嚴選條件，如表2-8所示。

綜上所述，「三好一公道選股術」不只是照後鏡，反映公司過去的經營績效，同時也是照妖鏡，投資人可以藉此趨吉避凶，避開地雷股和追高風險。

表2-8　中華電的三好一公道嚴選條件檢驗（2020/04/01）

三好一公道	嚴選條件	中華電（2412）	
報酬高	近四季ROE大於15% 近十年ROE大於15%	近四季ROE＝8.7%＜15% 近十年ROE＝11.3%＜15%	不符合 不符合
負債低	近一季淨負債比小於0	2019年第四季淨負債＜0	符合
獲利成長	近四季EPS年增率大於0	2019年EPS年增率＜0	不符合
價錢公道	本益比小於20	近四季本益比＝25＞20	不符合

「三好一公道選股術」就像是股神的第一招「亢龍有悔」，讓你不必大海撈針，就能找出兼具穩定性和成長性的好股票，省時省力且事半功倍。下一章介紹的「一流投資架構」則像全套的降龍十八掌，帶你逐步掌握巴菲特神功的精髓，讓你可以穩操勝算，笑傲股市。

本章學習重點

1 巴菲特的選股四要點
- 自己看得懂
- 公司前景佳
- 經營者能幹又值得信賴
- 價格有吸引力

2 巴菲特的投資六要件
- 獲利的大公司
- 持續的獲利能力
- ROE高且負債低
- 優秀的經營團隊
- 簡單的商業模式
- 合理的報價

3 三好一公道選股術的定義
報酬高、負債低、獲利成長、價錢公道

4 三好一公道選股術的指標
- 股東權益報酬率居高不下
- 淨負債愈少愈好,最好沒有
- 每股盈餘要成長
- 本益比要合理

5 三好一公道選股術的嚴選條件
- 近四季ROE與近十年ROE都大於15%
- 近一季淨負債小於0
- 近四季每股盈餘年增率大於0
- 近四季本益比小於20倍

三好一公道選股術的自動化操作

重複的工作軟體做，重要的決策自己做

　　你或許會有個疑問，「三好一公道選股術」立意甚佳也簡單易懂，但如果每檔個股都需要自行找資料，再一一計算股東權益報酬率、淨負債、每股盈餘年增率及本益比等數字，對投資人而言還是非常費時費力；更不用說要從上千檔台股中，挑出符合「三好一公道」的入圍名單，就像大海撈針，難上加難，其耗費的人力與時間不是一般投資人所能負荷。

　　這正是我開發《台股價值站》App❶ 的主要任務，大幅減少投資人到處找資料再費神計算的痛苦。我希望能以簡單好用的手機操作，提供立即可用的參考數據，讓你可以省時省力找好股票，多出來的時間就能專心做好投資決策。重複的工作讓軟體做，重要的決策自己做。

　　《台股價值站》中的三大功能「排行榜」「自選名單」和「選股條件」，可以很方便查詢「三好一公道選股術」的入圍名單和相關數據，並自動處理所有複雜計算。

排行榜：三好一公道的嚴選入圍名單

　　只要用手機下載《台股價值站》App，出現的第一個主要畫面就是「三好一公道排行榜」，顯示符合「三好一公道」嚴選

條件的前20檔個股，而且每日更新入圍名單，如圖2-9所示。
這可作為投資人的靈感來源之一，可以在其中挑選有興趣的個
股，再深入研究。另外，「三好一公道排行榜」也可以在下列
網址直接瀏覽：www.valuebook.com.tw/billboard。

　　點選「排行榜」任一檔個股數值列，會出現「個股摘要」頁
面，也有三好一公道的四大指標ROE、本益比、淨負債比和每
股盈餘成長的相關資訊。以圖2-10的鈊象為例，在2019/04/01
的收盤價為560元，目前（近四季）ROE為45.1%、十年ROE
為21.4%，目前（近四季）本益比為19.9倍，沒有淨負債，每

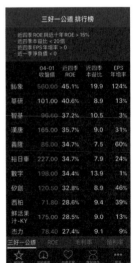

圖2-9 「排行榜」三好一公道名單

圖2-10 「個股摘要」三好一公道指標

圖2-11 「自選名單」三好一公道欄位

資料來源：台股價值站

股盈餘年增率為124.5%。你可同時檢視其他財務指標，綜合判斷。

自選名單：三好一公道的絕對價值與相對價值

你也可以直接檢視自己口袋名單的三好一公道條件數值。點選App下方第三個主頁籤「自選名單」，再點選「＋新增自選股」，可自行加入任一個股，就會自動顯示自選股的三好一公道四項指標數值，不須自行計算（如圖2-11所示）。

選股條件：三好一公道選項可靈活搭配組合

《台股價值站》的「選股條件」頁面，可提供「三好一公道選股術」的完整選股功能，而且可靈活調整選股條件與參數，以找出在自己能力圈的潛力股，再進一步深入研究。

如果只用「ROE近四季大於15%」單一選股條件，選股結果顯示有326檔個股符合，但其中有許多高ROE是一次性獲利所致，像是福大和科風，如圖2-12所示。

如果以「三好一公道」的第一好嚴選條件來挑選：

· 近四季ROE與近十年ROE都大於15%

選股結果縮減到只有139檔個股符合，表示這些公司的ROE是長期居高不下，例如旭隼、鈊象和寶雅，如圖2-13所示。

圖2-12 「選股條件」頁面：近四季ROE大於0的選股結果

	04-01 收盤價	ROE 近四季 大於15%
選股組合　選股清單		選股結果 (326)
⊕福大	4.66	145.7%
⊕科風	1.27	109.8%
⊕吉祥全	7.00	86.1%
⊕尚凡	102.50	59.9%
⊕本盟	6.27	58.6%
⊕大宇資	52.00	50.2%
⊕光明	20.80	49.3%
⊕偉全	13.60	48.2%
⊕天宇	10.65	47.1%
⊕旭隼	640.00	45.7%
⊕昇益	17.90	45.3%
⊕鈊象	560.00	45.1%
⊕百徽	2.16	44.8%

圖2-13 「選股條件」頁面：一好的選股結果

	04-01 收盤價	ROE 近四季 大於15%	ROE 近十年 大於15%
⊕尚凡	102.50	59.9%	36.7%
⊕旭隼	640.00	45.7%	36.4%
⊕鈊象	560.00	45.1%	21.4%
⊕喬雅	425.00	44.6%	33.8%
⊕華研	101.00	40.6%	26.4%
⊕傳奇	51.00	40.4%	17.0%
⊕牧德	256.00	40.2%	25.1%
⊕祥碩	788.00	39.3%	24.5%
⊕豐泰	128.50	38.1%	27.4%
⊕智基	96.60	37.2%	22.7%
⊕漢唐	165.00	35.7%	22.4%
⊕晶華	108.00	35.2%	31.4%
⊕義隆	85.00	34.8%	16.2%

如果以「三好一公道」的一好一公道嚴選條件來挑選：

・近四季ROE大於15%，且近十年ROE大於15%

・近四季本益比小於20倍

選股結果縮減到只有**120**檔個股符合，例如本益比超過20倍的寶雅和祥碩就被剔除，如圖**2-14**所示。

圖2-14 「選股條件」頁面：一好一公道的選股結果

	04-01 收盤價	ROE 近四季 大於15%	ROE 近十年 大於15%	本益比 近四季 小於20
⊕尚凡	102.50	59.9%	36.7%	6.6
⊕鈊象	560.00	45.1%	21.4%	19.9
⊕華研	101.00	40.6%	26.4%	9.9
⊕傳奇	51.00	40.4%	17.0%	11.4
⊕牧德	256.00	40.2%	25.1%	12.8
⊕豐泰	128.50	38.1%	27.4%	15.2
⊕智基	96.00	37.2%	22.7%	10.8
⊕漢唐	165.00	35.7%	22.4%	11.2
⊕晶華	108.00	35.2%	31.4%	10.2
⊕義隆	85.00	34.8%	16.2%	9.9
⊕裕日車	227.00	34.7%	24.9%	9.4
⊕數字	198.00	34.4%	34.4%	14.0
⊕矽創	120.50	32.8%	17.6%	11.8

如果以「三好一公道」的二好一公道嚴選條件來挑選：

・近四季ROE大於15%，且近十年ROE大於15%

・近四季本益比小於20倍

・每股盈餘近四季年增率大於0

多考慮短期成長動能「近四季EPS年增率大於0」這個條件，

選股結果縮減到只有78檔個股符合，例如剔除了近四季EPS衰退的牧德及晶華，如圖2-15所示。

圖2-15　「選股條件」頁面：二好一公道的選股結果

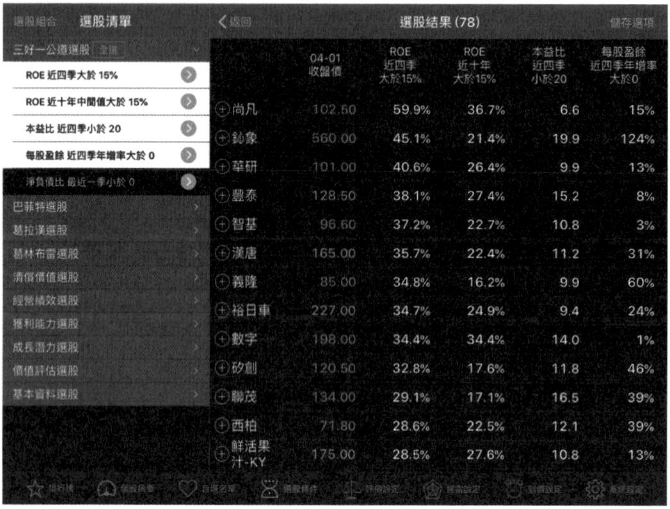

最後以「三好一公道」的全部嚴選條件來挑選，也就是：
- 近四季ROE大於15%，且近十年ROE大於15%
- 近四季本益比小於20倍
- 每股盈餘近四季年增率大於0
- 淨負債比最近一季小於0

以「淨負債小於0」降低風險，選股結果減到只有65檔個股，有淨負債的個股就被剔除，例如豐泰及聯茂，如圖2-16所示。

圖2-16　「選股條件」頁面：三好一公道的選股結果

	04-01 收盤價	ROE 近四季 大於15%	ROE 近十年 大於15%	本益比 近四季 小於20	每股盈餘 近四季年增率 大於0
尚凡	102.50	59.9%	36.7%	6.6	15%
鈺象	560.00	45.1%	21.4%	19.9	124%
華研	101.00	40.6%	26.4%	9.9	13%
智基	96.60	37.2%	22.7%	10.8	3%
漢唐	165.00	35.7%	22.4%	11.2	31%
義隆	85.00	34.8%	16.2%	9.9	60%
裕日車	227.00	34.7%	24.9%	9.4	24%
數字	198.00	34.4%	34.4%	14.0	1%
矽創	120.50	32.8%	17.6%	11.8	46%
西柏	71.80	28.6%	22.5%	12.1	39%
鮮活果汁-KY	175.00	28.5%	27.6%	10.8	13%
杰力	78.40	27.4%	15.7%	9.9	9%
勤誠	76.30	27.3%	21.2%	10.0	42%

　　藉由《台股價值站》這個投資利器，就可以靈活應用「三好一公道選股術」，不須拘泥於特定數值。例如「第一好」股東權益報酬率要高，可將ROE標準提高到20%，或將長期ROE由十年平均放寬至五年平均；「一公道」也可以更保守地將本益比限制在15倍以下試試。不過，追求「未來ROE居高不下的一流公司」這個主要目標是不變的。

　　最後，也可掃描下方的QR Code，內容為九分鐘的影片，簡介巴菲特投資法及三好一公道選股術❷。

有關《台股價值站》App使用問題，歡迎上作者粉絲頁交流：
「畢卡胡 - 台股價值站」：https://www.facebook.com/valuebook.tw

巴菲特變股神不是沒原因

❶ 台股價值站App

　　iOS版：https://www.valuebook.com.tw/iOS

　　Android版：https://www.valuebook.com.tw/Android

　　PC版：https://www.valuebook.com.tw/pc

iOS

Android

PC

❷〈巴菲特變股神不是沒原因，畢卡胡分析投資妙招報你知〉：

　　https://youtu.be/mTkVib_OG4I

第三章
畢卡胡的
一流投資架構

學習投資的人只需要學好兩門
課：如何評估公司價值和如何
看待市場價格。
　　——華倫‧巴菲特

巴菲特認為：「投資很簡單，你只要學好兩門課：如何評估公司價值和如何看待市場價格。」❶ 但一般投資人聽到這段話，也不知從何下手。因此，我將巴菲特投資法總結成十二字口訣：「找好公司，等好價位，大賺小賠」，並將第一章正名的巴菲特「一流投資法」展開成可實戰應用的投資SOP，也就是如表3-1所示的「一流投資架構」，結合遊戲闖關概念，透過前三關考驗找出好公司，然後在第四關估算內在價值、在第五關等待足夠的安全邊際，最後一關則設法用六折買進六檔好股，過五關斬六將，在股市穩操勝券。

表3-1　畢卡胡的一流投資架構

		找好公司	等好價位	大賺小賠
第一關	闖關問題	我了解這家公司嗎？		
	通關提示	能力圈		
第二關	闖關問題	這家公司是好公司嗎？		
	通關提示	九大指標		
第三關	闖關問題	未來還是好公司嗎？		
	通關提示	護城河		
第四關	闖關問題		這家公司大概價值多少？	
	通關提示		內在價值	
第五關	闖關問題		現在下手投資風險高嗎？	
	通關提示		安全邊際	
第六關	闖關問題			如何掌握買進賣出時機？
	通關提示			六六大順

我們要如何效法股神巴菲特，用長期投資的方式，讓自己的複利雪球愈滾愈大？第二章的「三好一公道選股術」，只是巴菲特投資法的其中一招而已，也是引領讀者進入股神智慧殿堂的帶路雞。要學習巴菲特的整套投資哲學，就從本章的「一流投資架構」正式開始。

人難免會犯錯，尤其是面對詭譎多變的股市，輕忽任何投資風險，都可能導致難以彌補的虧損。投資就像開飛機，即使經驗老道的機長，一時大意也可能會釀成大禍。例如1987年西北航空255號班機，只因機長趕時間，略過部分起飛檢查SOP，竟造成百人喪生的空難悲劇。

投資績效的穩定性在於操作紀律的一致性，當結果不如預期時，比較容易找到問題根源。一般而言，投資過程會遇到的問題如圖3-1所示，本章先概論「一流投資架構」每個關卡所對應的巴菲特觀點，後續第四章至第九章，會進一步說明如何在台股實際應用。

巴菲特從產生投資想法到實際採取行動，都會在心中一一核對自己的投資檢查表，除非能夠獲得令人滿意的答案，否則絕不輕舉妄動。所以在每次下單買賣前，建議也可以自問自答以下六個問題：

1. 我了解這家公司嗎？
2. 這家公司是好公司嗎？
3. 這家公司未來還是好公司嗎？

4. 這家公司大概價值多少？

5. 現在下手投資風險高嗎？

6. 如何掌握買進賣出時機？

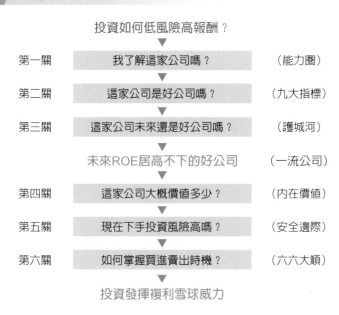

圖3-1 一流投資架構的SOP

投資如何低風險高報酬？

第一關	我了解這家公司嗎？	（能力圈）
第二關	這家公司是好公司嗎？	（九大指標）
第三關	這家公司未來還是好公司嗎？	（護城河）
	未來ROE居高不下的好公司	（一流公司）
第四關	這家公司大概價值多少？	（內在價值）
第五關	現在下手投資風險高嗎？	（安全邊際）
第六關	如何掌握買進賣出時機？	（六六大順）
	投資發揮複利雪球威力	

　　一流投資架構可分成上下兩部分，各有三個關卡。上半部的第一關至第三關用來分辨公司好壞，主要目標是發掘未來ROE居高不下的一流公司；下半部的第四關到第六關，讓你在找到一流公司後，可以自行評估內在價值，耐心等待好價位，掌握買進賣出時機，主要目標是設法讓投資交易大賺小賠，整體投資組合穩定獲利。

就像遊戲打怪，你過愈多關，得分就愈高。通過一流投資架構的層層關卡考驗，你就可發揮投資的複利威力，獲得令人滿意的投資績效。這六大關卡的闖關問題和通關提示（如表3-1和圖3-1所示），將依序在第四章至第九章闡述說明，讓你可以順利通關晉級，投資不再無故卡關，最後獲得自己的投資聖杯。

投資靈感：去哪兒找自己的潛力股？

　　投資第一步就是要有靈感，也就是：要從哪家公司開始著手？巴菲特的投資想法都是從大量閱讀所得，他曾經提到：「我什麼都讀：公司年報、財務報表、經營者傳記、公司歷史資料、每天五份報紙，在飛機上我還會翻閱椅背後的安全指南。閱讀是很重要的，這麼多年來，是閱讀讓我致富。」

　　而巴菲特最常用的參考資料是《價值線投資調查》，提供美國上市公司的長期統計數據，例如營收、每股盈餘、本益比及股東權益報酬率等。青年巴菲特是下苦功，從《價值線》的A開頭公司開始，詳細研究每家公司的資料；中年巴菲特則是每週花十多分鐘瀏覽《價值線》❷。你可以參考《價值線》免費提供的30檔道瓊成分股投資調查❸，就可體會股神為何如此倚重這一個資訊管道。

　　除此之外，巴菲特也經常諮詢業界人脈，甚至自行市場調查。例如1963年美國運通發生沙拉油醜聞，導致股價腰斬，巴菲特去住家附近幾家餐館觀察，發現多數人對美國運通的信任

不受此事件影響，就投入當時的四成資金大膽重押。2019年初我也見賢思齊，跟老婆逛寶雅時，發現它的生意不錯，而且在同一條路的競爭者美華泰還撤店收攤；回家進一步研究，發現寶雅獲利穩且成長可期，當時投資也是獲利豐碩。

參考巴菲特的選股方式與我個人的經驗，以下提供六個投資靈感來源給讀者參考（如圖3-2所示）。每一種來源各有優缺點，但彼此可以相輔相成，說明如下。

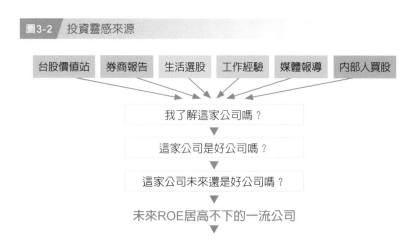

圖3-2 投資靈感來源

台股價值站　券商報告　生活選股　工作經驗　媒體報導　內部人買股

我了解這家公司嗎？

這家公司是好公司嗎？

這家公司未來還是好公司嗎？

未來ROE居高不下的一流公司

1.**台股價值站**：這是我參考巴菲特最常用的《價值線》，自行開發的台股App。其中的「個股摘要」提供每一家上市櫃公司十年統計資料與圖表，「排行榜」提供三好一公道嚴選與七大指標的前20檔入圍名單，「選股條件」提供一百多個基本面選項，可以自由搭配挑好股，除此之外還提供符合三好一公道與三位投資大師選股標準的選股結果。

2.**券商報告**：大型券商都有提供個股分析報告，通常你有開戶就能免費瀏覽，也可設法取得外資券商報告，以利交叉驗證自己的看法。一方面可蒐集券商報告的公司現況及未來展望資訊，讓自己更加了解這家公司，另一方面也能觀摩研究員的觀察重點及評估模型，補強自己的分析架構，減少認知盲點，避免過度自信。

3.**生活選股**：我們生活周遭就有許多上市櫃公司，例如到處可見的便利商店、辦手機門號的電信公司、家人常逛的百貨商店等，只要用心觀察，不難了解其產品品質或服務水準。若自己覺得滿意，或親朋好友讚不絕口，就值得進一步研究看看。

4.**工作經驗**：藉由自己的產業經驗，可關注自家公司、同業、供應商或客戶的獲利表現，會比業外人士有相對優勢；反之，追逐自己不熟悉的熱門股，例如有些醫生搶進5G概念股或科技新貴重押新藥股，要深入研究就相對辛苦。

5.**媒體報導**：多了解一些產業與公司動態，擴大自己的能力圈，甚至可留意是否有便宜價可買進利空錯殺股。另外，投資大師或投資達人的精選個股也可參考，如果在自己能力範圍內，就能進一步研究判斷投資可行性。

6.**內部人買股**：內部人是指公司董監事、經理人與持股10%以上的大股東。通常內部人買進自家股就是覺得股價受委屈或長期潛力大，有愈多內部人買進愈好，尤其是董事長或總經理買進是最明顯的正面訊息。而且，內部人買賣股票有六個月限制，對長期投資人而言，會比三大法人進出更具參考價值。

另外值得一提的是，散戶投資冷門股有相對優勢。因為成交量小的個股，市值小或流動性不佳，法人通常沒興趣，也不會買，一般人如果用心蒐集相關資料，加以深入研究，會有隱藏版的超額利潤。但冷門股的資訊透明度相對不高，所以沒有三兩三，不要輕易上梁山。

我的投資靈感來源舉例如表3-2所示。如果一檔個股在愈多靈感來源出現，就愈值得花時間進一步研究。

表3-2　投資靈感來源的經驗分享

	蘋果 （AAPL）	鈊象 （3293）	寶雅 （5904）	王品 （2727）	億豐 （8464）
台股價值站		V	V		V
券商報告		V	V		V
生活選股	V		V	V	
工作經驗		V			
媒體報導	V			V	
內部人買進			V	V	

第一關：我了解這家公司嗎？

投資要有老闆心態，買股票就跟你和朋友合夥做生意沒什麼兩樣。學習用老闆的角度來觀察投資標的，有助於改善「好公司抱不住，只賺到蠅頭小利」的盲點。

要了解你投資的是什麼生意：公司的主要產品是什麼？產品

賣到哪裡？誰是主要客戶？公司如何賺錢？誰是競爭對手？這家公司的生意是否簡單易懂？經營者揭露公司資訊是否公開透明？是否公平對待小股東？

巴菲特堅持不懂不買，他喜歡投資簡單易懂的公司，最好有長期的獲利績效，經營模式最好跟十年或二十年前大同小異，讓他可以更有把握地評估公司的未來獲利。

許多人犯的最大錯誤就是撈過界，投資自己不熟悉的公司。通常賠得最慘的，不是什麼都不知道的人，而是一知半解又自以為是的人，才會淪為主力收割的韭菜。事實上，有自知之明的投資人並不多。

例如可口可樂過去一百多年將飲料行銷世界各地，未來二十年、甚至五十年的生意模式應該也跟現在差不了多少。如同巴菲特所言：「我們偏好變化不大的企業與產業，理由很簡單，我們喜歡競爭優勢能夠維持十年或二十年以上的公司。日新月異的產業或許可以讓人快速致富，卻不能提供我們想要的確定性。」❹ 看到這段神諭，可口可樂在2020年特價大拍賣時，我也用40元搶購一些，希望以後喝可樂都可以當作免費。

第二關：這家公司是好公司嗎？

不論一家公司的媒體報導故事如何精采，或法人研究報告的預估獲利多麼讓人流口水，投資人都應該檢視它的歷年財報數字，從中評估公司的經營績效、衡量公司的賺錢實力，留意公

司的財務風險。許多熱門題材股用本夢比取代本益比,千萬不要輕易買單,畢竟「看數字」比「講故事」更有憑有據。

巴菲特在投資任何一家公司前,一定會檢視至少十年以上的財報,並且對從未獲利的轉機股毫無興趣。如同第二章提到的巴菲特投資六要件,一開頭就是:「沒有獲利,其餘免談!」

一流投資架構的第二關,主要是要求投資人必須看懂財報重點與分析公司的基本面,包括公司的營運績效和財報數據。本書第五章會說明重要的財務指標,看看除了檢視三好一公道的四大指標之外,還需要特別檢視哪些財報數字,還有哪些財報風險需要留意。

第三關:這家公司未來還是好公司嗎?

投資股票主要是投資未來,你必須進一步分析公司的未來展望:公司是否為短期績效而犧牲長期競爭力?公司的競爭優勢是否可以持續?公司是否有經濟護城河?公司的護城河是否愈拓愈寬?護城河裡的鱷魚是否愈養愈多?第六章會詳加說明。

一流投資架構的前三關,投資人每通過一關,可以仿效巴菲特,把潛力股分成三種 —— 好公司、壞公司和不知道(Too Hard)—— 並只對好公司做進一步研究,對壞公司和搞不懂的公司置之不理。巴菲特心目中的一流公司就是指「未來ROE居高不下的好公司」,藉由品牌、專利、規模經濟或低成本經營等建立持久的競爭優勢,在市場是數一數二的地位,相當於建

構一個有寬廣護城河的事業城堡，讓敵人看得到卻吃不到，才能確保公司的股東權益報酬率能居高不下。

巴菲特提到：「護城河要保護的城堡是什麼？當然就是公司獲利的關鍵核心——股東權益報酬率。也就是說，護城河能夠保護公司即使在經濟衰退或競爭激烈的環境，依然可以保持ROE居高不墜。」❺ 所以，通過一流投資架構前三關的考驗，你就有機會找到巴菲特心目中的一流公司。

本書所定義的一流公司，就是「未來ROE居高不下的好公司」，也是巴菲特最愛緊抱不放的投資標的，只有這種公司才值得長期投資。但一流公司不多，通常股價也是貴到讓人難以下手，卻值得耐心等待。

例如巴菲特長期關注可口可樂這家公司（美股代號：KO），從1981年新CEO上任，1985年股神從百事可樂改喝櫻桃可口可樂，1986年將可口可樂作為波克夏股東大會的指定飲料，但可口可樂股價一直居高不下，巴菲特一直等到1988年才大舉買進，足足等了八年之久！

第四關：這家公司大概價值多少？

巴菲特認為「內在價值」是唯一合理的評價標準，所謂公司的內在價值，是指公司所產生未來現金流的折現值。

巴菲特提醒大家：「雖然估算內在價值的數學公式不難，但即使是資深分析師，對公司的未來現金流也時常錯估。我們用

兩種方式來處理這個問題：首先，我們只專注於研究自己真正了解的公司，也就是說這家公司的生意是相對簡單而穩定，如果一家公司的生意複雜多變，我們就無法預估其未來現金流量；其次，我們投資一定堅持要有安全邊際，如果估算出來的內在價值只比目前股價略高一點，我們不會考慮出手，如同葛拉漢強調的，堅守安全邊際是成功投資的不二法門。」❻另外，巴菲特提到：「我們買股票前會先思考，是否能合理估計這家公司的未來五年獲利？」❼為什麼需要預估公司的未來獲利？因為這樣才能進一步用折現模型估算公司的內在價值。

如表3-3所示，假設C公司與D公司的未來五年每股盈餘，預估都是6元、7元、8元、9元、10元，兩家公司2020年的內在

表3-3　未來五年獲利相同的公司，目前內在價值也可能大不相同

C公司			
年度	ROE	每股盈餘	每股股利
2015	12%	5.6	4.0
2016	7%	3.2	2.0
2017	6%	2.7	1.5
2018	9%	4.0	3.0
2019	10%	4.5	3.5
2020		6.0	
2021		7.0	
2022		8.0	
2023		9.0	
2024		10.0	

D公司			
年度	ROE	每股盈餘	每股股利
2015	7%	4.5	4.0
2016	13%	7.5	8.0
2017	9%	5.5	6.0
2018	6%	3.5	3.0
2019	9%	5.5	5.0
2020		6.0	
2021		7.0	
2022		8.0	
2023		9.0	
2024		10.0	

價值，卻可能分別是80元與120元，因為估算內在價值，除了預估公司未來五年獲利，還要考慮配息率與本益比，再回推公司目前的現值。本書第七章會詳細解說如何運用「股息折現模型」，來自行估算公司的內在價值。

最後，巴菲特還提醒投資人：「一般常見的評價指標，例如殖利率、本益比、股價淨值比，甚至是成長率，如果不能提供有關公司未來現金流量的線索，就跟個股評價毫無關係。」❽

第五關：現在下手投資風險高嗎？

攻擊決定得分，防守決定輸贏。巴菲特擅長找尋低風險高報酬的投資機會，也創造了一個無人能及的防守紀錄：從1975年至今，沒有任何一筆投資虧損超過淨值的1％。

巴菲特認為投資真正的風險，應該是指本金減少或損失的可能性，主要影響因素如下所示。雖然這五個因素難以量化，其重要性卻不容忽視。❾

1. 公司長期展望的可預測性
2. 經營者有效運用公司資金的可預測性
3. 經營者以股東最大利益為優先的可預測性
4. 買進時股價的安全邊際是否足夠
5. 通膨與稅率對投資人淨獲利的影響程度

巴菲特確認投資標的的內在價值之後，一定會等到股價和內在價值產生足夠的安全邊際才下手。因此，投資應該用長期的眼光來思考，耐心等待便宜價出現，在別人都驚慌失措，甚至痛苦不安時，勇於買進績優成長股。巴菲特更進一步表示，與其用便宜價買平庸公司，不如用合理價買一流公司。至於安全邊際要如何拿捏，這是第八章會進一步說明的重要主題。

　　另一方面，學者專家都認為投資愈分散，風險愈小，巴菲特卻反其道而行，他認為只要充分了解公司的營運狀況，集中投資反而能夠大幅降低風險。巴菲特強調：「如果你是用功的投資人，有足夠的產業知識，可以研究發掘五到十家有長期競爭優勢的公司，就沒道理去買進第二十順位的個股，而不是加碼前十名你最了解且更具獲利潛力的標的，因為這種分散投資方式，對你的投資績效不利，且反而會提高投資風險。」❿ 投資不能輕忽風險控管，必須設想是否可以承受最差的情況，否則睡不安心，就很難抱得住。本書第八章會詳細說明。

第六關：如何掌握買進賣出時機？

　　巴菲特對投資組合調整的觀點是：「投資人的目標很簡單：挑選自己看得懂的公司，確認這家公司五年、十年，甚至二十年後的獲利會比現在好很多，就可伺機用合理價格買進公司股票。其實你會發現，能滿足上述條件的不多，所以只要發現一家公司能夠符合上述標準，就應該大膽買進足夠的股票部位。

你必須抗拒不符合上述條件的投機誘惑，如果你不願意長抱一檔個股十年，那就連持有十分鐘都不要考慮。只要你的投資組合中，所有股票的加總淨利可以逐年增加，持股市值自然也會隨之增加。」⓫

觀察巴菲特的歷年投資操作，我們可歸納出三個買進時機：

1.**股市大跌**：例如1987年10月美股大跌，巴菲特隔年趁機大舉買進可口可樂。
2.**好公司遇到倒楣事**：例如1963年美國運通發生沙拉油造假事件，隔年巴菲特開始重押買進。
3.**好公司不受青睞**：2016年蘋果公司本益比只有10倍出頭時，巴菲特大舉買進。

我們可以「六六大順」為目標：追求用六折買進六檔好股，建立一個集中持股且低週轉率的投資組合。再怎麼看好的股票也不要押身家或釘孤支，不怕一萬只怕萬一，投資人之所以會大幅虧損，通常是因過度自信將資金投入深信不疑的標的。另一方面，持股過於分散未必就能降低風險，反而容易買到比較差的股票，倒不如集中精力，把自己較有把握的公司研究得更透澈，勝算更高。遇到好機會就全力出擊，其他時間則按兵不動，就這麼簡單。本書第九章會說明如何掌握買進賣出時機。

雖然巴菲特提到：「只要公司內在價值能夠以令人滿意的速度增加，我們賣出持股的時機就永遠不會到來。」但他同時也

提到：「一旦股價漲得太誇張，我們會考慮賣出持股；如果發現更好或更有把握的投資機會，也不排除換股操作。」⓬ 所以，巴菲特碰到下列四種情況也是會賣出持股：

1. **自己搞錯了**：2019年第三季買進甲骨文，但不到三個月就出脫持股，巴菲特坦承對資訊科技業的了解程度還不夠深入。

2. **公司變壞了**：經營績效不佳、經營者迷失方向或護城河變窄，例如2000年巴菲特賣出迪士尼股票，因為迪士尼投資網路公司揮金如土，背離經營本業。

3. **股價天壽貴**：例如1998年可口可樂和許多持股的本益比高達50倍以上，巴菲特就設法降低股票投資部位的淨值占比。

4. **發現更好的投資標的**：例如2007年賣出獲利7倍的中石油，40億美元入袋，然後在2008年金融海嘯期間，大肆收購沃爾瑪與嬌生等一流公司股票。

結語：建立自己的投資哲學

藉由各種投資靈感來源找出潛力股，再透過一流投資架構的前五關深入分析，建立自己研究過的公司資料庫，當買進時機來臨時，就可以檢視這些名單，看看估價與股價之間是否出現足夠的安全邊際，就能逢低買進，分批布局，而且還可能有不

只一次機會。例如巴菲特在1964年重押美國運通，1967年獲利2倍出場；又於1994年再度買進，並持股至今一股未賣。

　　活學活用一流投資架構，可以心領神會巴菲特的一流投資法，以便將閱讀心得與實戰經驗交叉驗證，有利於建立自己的投資哲學，提升投資功力。實際在股市派上用場，就會變成愈來愈強的一流投資人，獲得愈來愈好的一流投資績效。

　　投資這條路，慢慢走比較快。當你發現任何一檔潛力股時，可以應用本書的一流投資架構，自問自答這六個闖關問題，並設法說服自己，誤踩地雷或長住套房的機率就會大幅降低。長期而言，你的資金雪球自然會愈滾愈大。

本章學習重點

1 巴菲特投資法十二字口訣：
找好公司，等好價位，大賺小賠

2 一流投資架構的六個問題
- 我了解這家公司嗎？
- 這家公司是好公司嗎？
- 這家公司未來還是好公司嗎？
- 這家公司大概價值多少？
- 現在下手投資風險高嗎？
- 如何掌握買進賣出時機？

3 一流投資架構的六個提示
- 能力圈
- 九大指標
- 護城河
- 內在價值
- 安全邊際
- 六六大順

4 一流投資架構的前三關是為了找出未來ROE居高不下的一流公司

5 一流投資架構的第四關是為了評估公司的絕對價值與相對吸引力

6 一流投資架構的第五關是為了找出低風險高報酬的投資機會

7 一流投資架構的第六關是為了讓投資交易大賺小賠，投資組合穩定獲利

台積電：
台股最賺錢的一流公司

台積電專注於晶圓代工領域，是半導體產業近五十年來唯一的商業模式創新。台積電連續五年都穩居台股的獲利王，2019年稅後淨利3,453億元，其次為鴻海，稅後淨利1,153億元，第二名還看不到第一名的車尾燈，說台積電是最賺錢的上市公司，大家應該心服口服。

但台積電不能說的祕密是：大部分的公司獲利都是外國投資人賺走，因為外資持股超過七成。例如2019年，台積電配發現金股息2,000多億元，外資就拿走近1,600億元。

台積電變成幫外資打工的原因，一方面是股價居高不下，讓散戶下不了手；遇到股市大跌時，散戶又不敢下手。時機稍縱即逝，常常讓人回過神來，獵槍還來不及拿起來，大象就跑走了。

另一方面是大家對半導體產業很陌生，對台積電的晶圓代工生意一知半解。對投資人而言，說不定蘋果的生意比台積電的生意更容易理解。這或許也是巴菲特重押蘋果股票，卻不青睞台積電ADR的原因之一吧？

以下依照一流投資架構，簡單整理台積電的公司資料給讀者參考。

第一關：我了解這家公司嗎？

■基本資料

- 公司設立：1987年（超過三十年）
- 公司上市：1994年（超過二十年）
- 公司市值：7兆元（截至2020/04/01）
- 董監持股：6.6%

■商業模式

- 公司定位：大家的晶圓技術產能提供者⓭
- 產品發展：2019年提供272種不同的製程技術，為499個客戶生產10,761種不同產品⓮。2020年第一季的主要製程營收占比分別為：7奈米（35%）、16奈米（19%）、28奈米（14%）、其他製程（32%）⓯
- 目標市場：台積電的產品主要應用於智慧型手機和高效能運算平台。2019年的技術平台別營收占比分別為：智慧型手機（49%）、高效能運算（30%）、物聯網（8%）、車用電子（4%）、消費性電子（5%）、其他（4%）⓰
- 垂直整合：專注晶圓代工服務，不涉入IC設計領域，近年跨足晶圓級封裝製程
- 規模大小：全球最大的晶圓代工廠，2019年在全球IC製造服務領域之市占率達52%⓱
- 地理涵蓋：九成以上產能在台灣，北美、歐洲、日本、中國大陸及南韓等地均設有子公司或辦事處。第一大客戶在

美國，第二大客戶在中國大陸，地區別營收占比分別為：
北美（60％）、中國大陸（20％）、歐洲（6％）、日本
（5％）、其他地區（9％）**⑱**

· 核心競爭力：技術領先、卓越製造及客戶信任的三位一體
競爭優勢**⑲**

第二關：這家公司是好公司嗎？

· ROE十年平均高達24.2％，近四季ROE為20.9％，均高於
15％
· 2019年每股盈餘13.32元，較2018年的13.54元，衰退
1.6％
· 每股盈餘十年複合成長率11％
· 營收十年複合成長率約12％
· 張忠謀認為每股盈餘成長率大於營收成長率，才是健康的
成長模式，目前沒有達標
· 所有子公司都100％持有
· 沒有淨負債，代表公司用自有資金擴張成長
· 沒有高估的資產，也沒有低估的負債

第三關：這家公司未來還是好公司嗎？

■外在環境變化
· 聯電與格羅方德退出7奈米先進製程競賽

- 三星急起直追，但7奈米製程良率不佳，意圖在3奈米製程後來居上
- 2020年開始，5G通訊應用高速成長
- 美國抵制華為的後續影響

■是否有持久競爭優勢？

- 2020年是急速擴張的一年
- 7奈米製程在2019年有近九成市占率
- 5奈米與3奈米先進製程持續領先

■是否有護城河保護ROE居高不下？

- 品牌價值：TSMC這塊招牌有加分效果
- 專利布局：專利非常多，營業祕密更多
- 特許執照：無
- 轉換成本：高
- 規模經濟：晶圓代工全球市占率超過50%
- 成本優勢：良率高且規模大，晶圓單位成本低於同業

■是否為獨占或寡占：是，市占率高達52%

■是否有定價權：是，定價可高於同業

透過前三關的資料整理，請你自行判斷下列問題的答案：

1. 台積電是好公司、壞公司或不知道？
2. 台積電的未來ROE是否可以保持居高不下？
3. 台積電的未來ROE可以維持多少？
   - 十年ROE的平均值：24.2%

- 五年ROE的平均值：25.2%
- 最近四季的ROE：20.8%

第四關：這家公司大概價值多少？

- 請自行預估未來五年的每股盈餘
- 你願意給多少倍的預估本益比？
- 用「股息折現模型」估算台積電的內在價值

第五關：現在下手投資風險高嗎？

- 拿目前股價跟內在價值相比，你要等到打幾折買進？
- 你打算持股多久：一天、一個月、一年或十年？
- 你可以忍受股價下跌多少：10%？30%？50%？

第六關：如何掌握買進賣出時機？

- 買進時機：例如2018年底或2020年3月的股市大跌
- 投資組合：再怎麼看好台積電，也最好不要單押一檔
- 賣出時機：如果有台積電持股，要定期關注是否榮景不再、股價是否漲得太離譜、是否有發現比台積電好20%以上的投資標的

❶ 資料來源：1996年巴菲特致波克夏股東信
❷ 資料來源：1990年波克夏股東大會問答
❸ 《價值線》的道瓊成分股調查資訊：https://research.valueline.com/
research#list=dow30&sec=list
❹ 資料來源：1996年巴菲特致波克夏股東信
❺ 資料來源：2007年巴菲特致波克夏股東信
❻ 資料來源：1992年巴菲特致波克夏股東信
❼ 資料來源：1996年巴菲特致波克夏股東信
❽ 資料來源：2000年巴菲特致波克夏股東信
❾ 資料來源：1993年巴菲特致波克夏股東信
❿ 資料來源：1993年巴菲特致波克夏股東信
⓫ 資料來源：1996年巴菲特致波克夏股東信
⓬ 資料來源：1987年巴菲特致波克夏股東信
⓭ 資料來源：台積電2019年報的致股東報告書
⓮ 資料來源：台積電2019年報的致股東報告書
⓯ 資料來源：台積電2020年第一季法說會簡報檔
⓰ 資料來源：台積電2019年第四季法說會簡報檔
⓱ 資料來源：台積電2019年報的致股東報告書
⓲ 資料來源：台積電2019年報的公司概況第14頁
⓳ 資料來源：台積電2019年報的致股東報告書

第四章
一流投資架構第一關：
我了解
這家公司嗎？

如果你打牌打了三十分鐘還
不知道誰是肉腳，你可能就
是那個肉腳。
　　——華倫‧巴菲特

一流投資 架構 （國小程度）　　第**1**關	闖關問題： **我了解這家 公司嗎？**	通關提示： **能力圈**

　　巴菲特把投資成敗關鍵歸納成三個字：「能力圈」。他總結六十多年的投資經驗發現，自己的財富主要由十來個拿手絕活案例所累積，而失敗案例多是撈過界才會鎩羽而歸。面對成千上萬的投資機會，巴菲特僅持有50檔股票左右，就是堅守能力圈的專業表現，而其選股大方向就是：「寧願投資自己有把握的好公司（Good），放棄充滿想像空間的明日之星（Great）。」❶ 翻譯成白話文就是好好把握年化報酬率15%的績優成長股，不要肖想年年翻倍的熱門大飆股。

　　能力圈是指自己比其他90%的人更厲害的地方，也就是只在自己擅長的領域尋找機會，不碰自己不懂的生意，也不買不熟悉的股票。如果一家公司在你的能力圈內，你必須說得出來：公司會照你的劇本發展的前提是什麼？公司可能不如預期的關鍵因素有哪些？

　　通過一流投資架構前三關考驗，投資人才有資格把潛力股納入自己的能力圈內。第一關由認識公司的基本面入門，第二關要看懂公司的財報重點，第三關須評估公司的未來展望，如圖4-1所示。而這三關的難度對投資人來說，分別只有國小程度、

國中程度和高中程度，只要你認眞用心，一定可以闖關成功。

　　台股有1,700多家上市櫃公司，不難想像，能通過這第一道關卡的公司很少，因爲經由媒體報導或網路搜尋，你可能對100家公司觀感不佳，又對大多數公司很陌生，所以通過第一關考驗的口袋名單，可能剩不到100家。

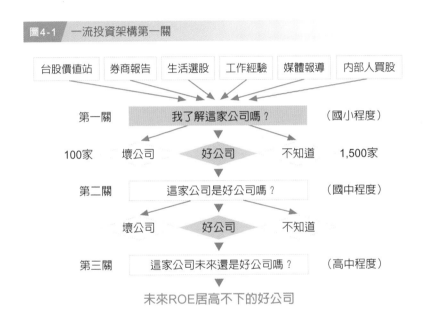

圖4-1　一流投資架構第一關

| 台股價值站 | 券商報告 | 生活選股 | 工作經驗 | 媒體報導 | 內部人買股 |

第一關　　我了解這家公司嗎？　　（國小程度）

100家　　壞公司　　好公司　　不知道　　1,500家

第二關　　這家公司是好公司嗎？　　（國中程度）

壞公司　　好公司　　不知道

第三關　　這家公司未來還是好公司嗎？　（高中程度）

未來ROE居高不下的好公司

股票市場，天使與魔鬼並存

　　2019年爆發台通科技詐騙案，四年內僞詐23億元，逾百人受害，令人不解的是，重災戶竟然有股市大亨、房產大亨、股市名嘴和上市電子業的投資公司。這些專業人士都身經百戰、各

擅勝場，但撈過界的下場都一樣悲慘。

有一次中午外食，跟餐館老闆娘閒聊，她有個朋友在精測（6510）上市時狠狠賺了一票，後來跟他們強力推薦中華電的另一家子公司，認為在興櫃轉上市後應該也會大漲一波，結果她買進不久就套牢。她的另一位朋友更慘，不但投入所有積蓄，還用房貸加碼孤注一擲，現在都不知道該如何是好。

或許你會認為前面兩個故事不會發生在你身上，但不管是聽信親友或網路明牌，或是用量化指標選股，多了解自己投資的是什麼生意，可以讓你更有定見，減少進退失據的追高殺低。

如何找到適合自己的投資標的？巴菲特身體力行數十年的選股四要點，絕對值得借鏡：（1）自己看得懂，（2）公司前景佳，（3）經營者能幹且值得信賴，（4）價格合理。股神還分別在1977、1992、2007及2019年的致波克夏股東信中多次重申這四點，可見其重要性。本章主要說明第一點和第三點，第二點和第四點會分別在第六章和第七章進一步說明。

買股票就像跟朋友合夥做生意，你要學習把自己當作公司老闆，先了解這檔股票所代表的公司，進一步分析這家公司好不好、值不值得買進，才能耐住性子安心持有，獲得穩健的長期報酬。

從能力圈挖寶，不要碰自己不懂的東西

巴菲特在1996年的致股東信中，難得提供投資人選股建議，

首次提及能力圈概念：「投資人必須對自己挑選的公司，具備正確評估的能力——重點是這個關鍵字『挑選』。你不需要對每家公司都瞭若指掌，甚至不用了解太多公司，只要能夠好好評估在你能力圈之內的公司就行了。能力圈不是愈大愈好，知道自己是否撈過界，才是投資成敗的關鍵所在。」❷

他接著指出投資人的目標其實很單純：「用合理價格買進幾檔簡單易懂的公司股票，確認這些公司在未來五年、十年，甚至二十年的獲利成長可期。你會發現很少公司能夠符合上述條件，所以一旦發現這種好公司，就要大膽多買一些股票；更重要的是，你必須能夠控制自己的情緒，不要亂買一通。如果不願意持有一檔股票十年，那就連十分鐘都不要考慮。慎選幾檔公司獲利持續成長的股票，長期而言，你的投資組合一定賺錢。」巴菲特還加碼爆料，這兩段神諭也正是波克夏公司的投資致勝之道。

「能力圈」簡單來說就是把你了解的公司圈起來，在能力圈內你可以比其他90%的人做得更好。能力圈應用在投資上，最基本的要求就是不懂不買，千萬不要亂買你不了解的東西，顧好自己的荷包，不要幫別人拚績效。更進一步則必須專注在自己最熟悉的領域，善用自己的長處與優勢，才能提高勝算。如果你可以了解公司過去的績效，掌握公司現況，合理評估未來展望，就代表這家公司在你擅長的能力範圍。

巴菲特的辦公室掛了一張「史上最佳打擊手」的海報，主角是美國職棒波士頓紅襪隊的泰德‧威廉斯，其打擊率曾高達四

成。威廉斯如何提升自己的打擊率？他把打擊區劃分成七十七個棒球大小的格子，並強調高打擊率的祕訣就是：不是看到好球就揮棒，而是只打進入甜蜜區的好球。巴菲特在2017年接受HBO訪問時，就是引用威廉斯的打棒球心法，來比喻能力圈的觀念。你可以掃描右方QR Code，或直接輸入章末注釋裡的短網址❸，觀看這支一分鐘的影片。

巴菲特談能力圈

投資就像打棒球，市場先生隨時向你提供無數個投資機會，投資人應該有自知之明，看到出現在自己甜蜜區的好股票，才全力出擊，不要管能力圈外的飆股誘惑，就可以有令人滿意的成績。而投資跟棒球不一樣的地方是，無論你錯過多少好球，也不會被三振出局。

巴菲特認為：「對投資人而言，重要的不是你知道什麼，而是清楚知道自己不知道什麼。」不要去玩別人擅長的遊戲，這點非常重要，但大多數人做不到。你跟拳王泰森單挑，必敗無疑，但如果換成馬拉松比賽，就不一定會輸。股市是一個不對等資訊和不分級較量的格鬥場，散戶要善用自己的優勢及利基，才能提高勝算。

巴菲特的能力圈概念也是一種風險控管能力，專注於自己熟悉的投資領域，就可以降低誤踩地雷或長住套房的機率，才能進可攻退可守。你不必成為某個產業的專家，只要能判斷哪家公司是這個產業的贏家就行。

例如巴菲特和比爾‧蓋茲是幾十年好友，卻從未買過微軟股票（美股代碼：MSFT），雖然微軟十年漲了5倍多，但巴菲特一點也不在意，因為他無法評估微軟的未來獲利展望；但沒有投資Google（美股代碼：GOOG），就讓股神扼腕不已，因為Google的商業模式，其實跟巴菲特熟悉的廣告業大同小異。

巴菲特認為能力範圍可以擴大，但只能循序漸進，一旦逞強撈過界，就容易犯下大錯。例如巴菲特曾經重押IBM股票，長抱六年卻白忙一場；反之，2016年起連續三年加碼蘋果股票，持股至今（截至2019年底）帳上獲利400多億美元，是波克夏有史以來賺最多的投資案。因為蘋果的生意較像時思糖果這種民生消費品，比較不像IBM這種科技公司，所以蘋果算是在巴菲特的能力圈內。

培養能力圈，從了解公司的生意開始

所謂隔行如隔山，每個行業都有各自的眉角——零售連鎖業的「同店營收成長率」很重要，例如寶雅與美食-KY；設備業和營建業的「合約負債」可視為營收的先行指標，例如漢唐與長虹。所以，研究股票不應只用財報數字比大小，了解公司的商業模式，質化分析與量化分析雙管齊下，才能判斷：這家公司是否有持久的競爭優勢？是否有寬廣的護城河？是否可以維持未來的股東權益報酬率居高不下？這三個問題的答案你愈有把握，你的投資報酬率就會愈好。第六章還會進一步說明。

培養能力圈從認識自己有興趣的公司開始。現今這個資訊爆炸的時代，如何擷取重要資訊並忽視雜訊，是智慧型投資人的基本功。建議可從五個管道蒐集公司相關資訊：原則上應以第一手資料的年報、季報和法說會為主，再以券商報告、網路搜尋及其他二手資料為輔，最後可用六大策略構面分門別類，以便日後進一步評估公司的未來展望及獲利前景。

　　公司年報是了解一家公司最完整的資訊來源，因為所有資訊都幫你分門別類整理齊全；一份公司年報的價值，遠高於一百則網路消息。而且，年報有會計師背書，經營者也有法律責任；網路消息則是第二手報導，還有他人主觀評論的加油添醋，多是雜訊。

　　例如巴菲特僅憑公司年報，就大舉投資中石油（港股代碼：00857），在2003年買進11億股中石油H股，真令人不可思議！他在2007年受訪時透露：「我每年讀幾千份財報，看了中石油2002年和2003年的年報之後，我就決定投資5億美元。我沒見過公司高層，也沒參考券商報告，但公司的年報非常通俗易懂。」2007年巴菲特以11～14港元出清中石油，相較於1.62港元的買進成本，大賺7倍！

　　上市櫃公司的年報如何取得？可查看公開資訊觀測站（mops.twse.com.tw）或公司官網。如圖4-2所示，在公開資訊觀測站首頁，點擊上方常用頁籤的「電子書」，主畫面會出現「基本資料」表格，再點選「年報及股東會相關資料」；之後會出現「年報及股東會相關資料」查詢畫面，填入公司代號與年度，

再點選「查詢」鍵，就會跳出「電子資料查詢作業」畫面，然後點選「股東會年報」電子檔案即可。

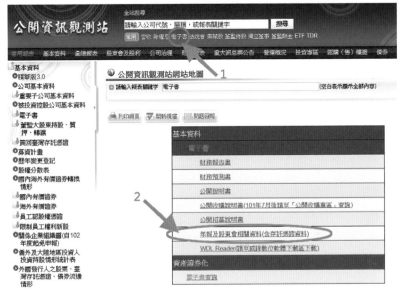

圖4-2　公開資訊觀測站的公司年報資料查詢頁面

資料來源：公開資訊觀測站

　　上市櫃公司的年報格式都大同小異，如圖4-3所示，投資人可先瀏覽第一單元「致股東報告書」、第二單元「公司簡介」、第五單元「營運概況」及第六單元「財務概況」。最好閱讀近三年的年報，就能大致判斷這是不是一家有信用的公司：每年的致股東報告書是不是只改一下數字，其他都是複製貼上的制

式內容？公司的發展計畫是否說到做到，還是假裝忘記，當作沒說過？

第一單元「致股東報告書」：由董事長具名報告年度績效、未來展望及公司策略，例如巴菲特致波克夏股東信就是最佳範例。

第二單元「公司簡介」：包括公司沿革與市場概況、董事會成員與主要經理人。

第五單元「營運概況」：包括主要業務、產品比重、產業概況、產品發展趨勢、產業競爭態勢、公司的機會威脅與因應對策等。另外還有提供主要供應商與主要客戶資料。

第六單元「財務概況」：提供近五年的資產負債表與損益表的主要財報資料，以及近五年的重要財務指標數據。

圖4-3　中華食（4205）年報目錄

年報目錄

資料來源：中華食品的107年度年報

公司季報：檢視近期績效與趨勢變化

　　如何查閱公司季報？跟年報一樣，可由公開資訊觀測站取得。如圖4-4所示，點選常用頁籤「電子書」後，再點選主畫面表格第一列的「財務報告書」，輸入「公司代號」和「年度」後，點選「查詢」鍵，即會出現該年度已公布的季報PDF檔，再選取所需季度的IFRSs合併財報。上市櫃公司每季的季報會分別於5/15、8/14、11/14及3/31之前公告，只有金融業的公布日期另有規定。

圖4-4　公開資訊觀測站的公司季報資料查詢頁面

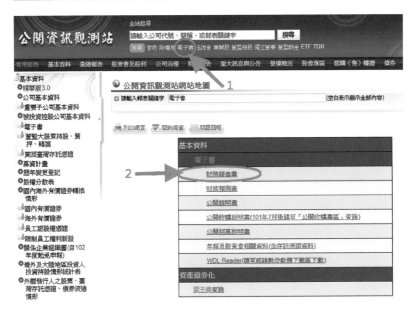

資料來源：公開資訊觀測站

公司季報除了提供四大財務報表之外，從「附註揭露事項」和「營運部門資訊」中也可觀察公司的近期變化和趨勢，如圖4-5所示。有人開玩笑說，財報放到愈後面或字體愈小的資訊，通常愈不想讓人知道。

公司季報的「附註揭露事項」會揭露轉投資相關資訊

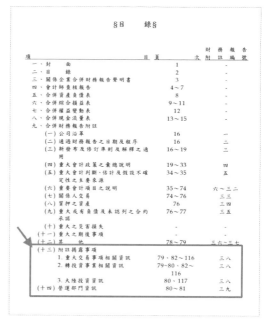

圖4-5　台積電（2330）季報目錄

§　目　　　錄　§

項　　目	頁　次	財務報告附註編號
一、封　　面	1	-
二、目　　錄	2	-
三、關係企業合併財務報告聲明書	3	-
四、會計師查核報告	4～7	-
五、合併資產負債表	8	-
六、合併綜合損益表	9～11	-
七、合併權益變動表	12	-
八、合併現金流量表	13～15	-
九、合併財務報告附註		
（一）公司沿革	16	一
（二）通過財務報告之日期及程序	16	二
（三）新發布及修訂準則及解釋之適用	16～19	三
（四）重大會計政策之彙總說明	19～33	四
（五）重大會計判斷、估計及假設不確定性之主要來源	34～35	五
（六）重要會計項目之說明	35～74	六～三二
（七）關係人交易	74～76	三三
（八）質押之資產	76	三四
（九）重大或有負債及未認列之合約承諾	76～77	三五
（十）重大之災害損失	-	-
（十一）重大之期後事項	-	-
（十二）其　　他	78～79	三六～三七
（十三）附註揭露事項		
1. 重大交易事項相關資訊	79、82～116	三八
2. 轉投資事業相關資訊	79～80、82～116	三八
3. 大陸投資資訊	80、117	三八
（十四）營運部門資訊	80～81	三九

資料來源：台積電2019年第四季IFRSs合併財報

及大陸投資資訊，提供公司海外產能配置與各地區工廠盈虧狀況。例如可檢視2019年第四季季報，評估新冠疫情對公司各廠區的可能衝擊程度。

而季報最後一大項的「營運部門資訊」，會提供公司的市場別營收獲利，與主要客戶的營收占比，值得投資人關注。如圖4-6所示，台積電的乙客戶貢獻營收由2018年的8％上升到2019年的14％，再從多方查證，乙客戶應是華為旗下的IC設計公司海思，投資人就可以評估美國抵制華為對台積電的衝擊程度。

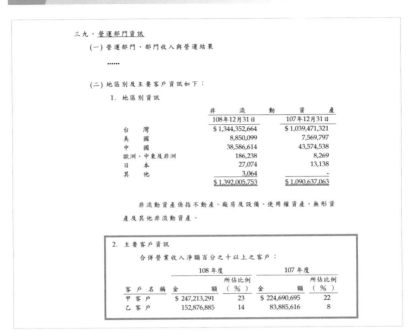

圖4-6 台積電2019年第四季季報的營運部門資訊

三九、營運部門資訊

　(一) 營運部門、部門收入與營運結果

　　‧‧‧‧‧‧

　(二) 地區別及主要客戶資訊如下：

　　1. 地區別資訊

	非　流　動　資　產	
	108年12月31日	107年12月31日
台　　　灣	$ 1,344,352,664	$ 1,039,471,321
美　　　國	8,850,099	7,569,797
中　　　國	38,586,614	43,574,538
歐洲、中東及非洲	186,238	8,269
日　　　本	27,074	13,138
其　　　他	3,064	-
	$ 1,392,005,753	$ 1,090,637,063

　　非流動資產係指不動產、廠房及設備、使用權資產、無形資產及其他非流動資產。

　　2. 主要客戶資訊

　　　合併營業收入淨額百分之十以上之客戶：

	108 年度		107 年度	
客戶名稱	金額	所佔比例（%）	金額	所佔比例（%）
甲客戶	$ 247,213,291	23	$ 224,690,695	22
乙客戶	152,876,885	14	83,885,616	8

資料來源：台積電2019年第四季IFRSs合併財報第81頁

公司法說會：與經營者現場交流

公司的業務說明會或法人說明會（簡稱法說會），提供最新的公司現況、財務績效和未來展望，而從法說會的現場問答，可了解專業法人關心的主要重點。尤其證交所與櫃買中心主辦的說明會，也開放給一般投資人參加，自己如有任何疑問，可以當場與公司交流，驗證自己原先的假設或避免妄加揣測。如果法說會是由董事長或總經理親自主持，而非財務長代打，這

樣的公司對我而言有加分效果。另外,法說會後的媒體報導對公司的多空解讀,有時候會跟自己當場的認知差很大,就須考驗投資人的獨立判斷能力。

若無法親自參加法說會,可以查看公開資訊觀測站或公司官網的法說會資料檔,有些公司甚至會提供影音檔。如圖4-7所示,在公開資訊觀測站首頁,點選常用頁籤「法說會」,然後點選「重大訊息與公告」下方的「法說會」列,再輸入公司代號,即可查詢該公司提供的法說會簡報內容或影音檔。

圖4-7 公開資訊觀測站的法說會資訊查詢頁面

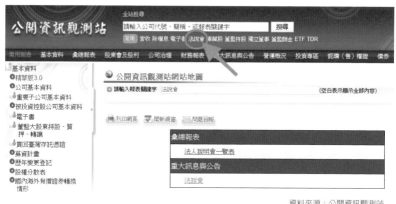

資料來源:公開資訊觀測站

公司官網:「投資人關係」專區是資訊集中地

瀏覽公司網站可以發現許多訊息,例如公司的產品、市場、經營團隊與經營理念,而且大多數上市櫃公司的官網都有「投

資人關係」專區，主要提供公司年報、季報與法說會等資訊，有些甚至會提供每月營收數字，藉此可看出公司對投資人揭露的資訊是否充實、是否公開透明且一視同仁。例如圖4-8所示的台積電官網，滑鼠指標指向「投資人關係」頁籤，即會顯示「財務資訊」「公司治理」「股東專欄」與「問答集」等相關資訊。

圖4-8　台積電公司網站的「投資人關係」專區

資料來源：台積電公司網站（www.tsmc.com）

券商研究報告：突破個人盲點

獨學而無友，則孤陋而寡聞，投資這條路也需要博學多聞的朋友，以交叉驗證自己的想法，因為每個人都有自己的盲點。

例如巴菲特就有查理．蒙格這位睿智諍友的輔佐，對波克夏的投資操作有極大助益。

在個股研究方面，你可以把外資或國內券商的研究報告當作盟友，例如你可以在開戶券商網站取得研究報告電子檔。參考券商報告的重點不在目標價，主要是看分析內容與觀點。另外也要看是誰寫的，如果發現報告內容與事實差距很大，之後再看到同一位研究員出具的研究報告，可信度就要大打折扣。

例如鈊象（3293）於2019年11月出現在《台股價值站》的「三好一公道」排行榜榜首，引起我的注意。網路搜尋得知該公司的營運重心，已由街遊機台轉移至手機App，並搜尋到某券商的研究報告，認為休閒博弈遊戲的產品生命週期長達數年，不像一般大型多人線上角色扮演遊戲（MMORPG）的手遊，爆發力強但生命週期短。該券商並提供美國SciPlay與韓國DoubleUGames兩家上市公司的參考資料，對我而言就是一個全

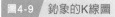
圖4-9　鈊象的K線圖

資料來源：CMoney

新的觀點，而且有客觀數據佐證。這份券商報告讓我對鈊象的商業模式和未來展望更有信心，鈊象後來的表現也沒有讓投資人失望，如圖4-9所示。

網路搜尋：谷歌大神是你的好朋友

最後就是善用無遠弗屆的網路搜尋功能。你可以用關鍵字（例如公司名稱或經營者名字）搜尋公司相關訊息，或查看公司在104網站的徵才訊息；如果行有餘力，最好一併搜尋競爭者的相關資訊。

例如新至陞（3679）在2019年上半年股價一路破底，尤其5月底公布第一季每股盈餘意外虧損0.96元，更讓投資人大失所望。但我從104人力銀行卻觀察到不同面向——公司職缺從年初的八個，持續增加到7月的二十個，間接反映生意愈來愈好，而且越南廠徵求韓語業務，可能爭取三星越南廠的訂單，而同業谷崧和位速的職缺不多，也沒有增加。果不出所料，新至陞的營收從第一季6.4億元，增加至第二季與第三季分別為10.1億元與10.7億元，公司獲利也三級跳，2019年前三季每股盈餘分別為-0.96元、1.65元及3.04元；股價則迅速反映，甚至在公布第三季財報後，連拉三根漲停板。

六大策略構面，掌握公司策略方向

從各處蒐集取得的公司資料，須透過有系統的分門別類，才能轉化爲有用的投資資訊──可整理成以下六大策略構面❹，以掌握公司的經營現況，並藉以進一步分析公司的未來發展，以及在第六章評估公司有無護城河及持久競爭優勢。

1. 產品發展
2. 目標市場
3. 垂直整合程度
4. 規模大小
5. 地理涵蓋範圍
6. 競爭武器

產品線的廣度與深度

公司的產品與服務是否長久不變？例如可口可樂賣糖水賣了一百多年，或中華食品賣豆腐賣了四十年，往後十幾、二十年可能還是一樣，公司未來發展的可預測性較高。如果產品日新月異，投資人較不易掌握其長期發展趨勢。

公司的主要產品是什麼？只提供單一產品，例如台積電的晶圓與大立光的手機鏡頭，還是產品線很多，例如鴻海從製造零組件到整機代工？以中華食品爲例，我們由圖4-10可看出，其

主力產品「豆腐」就占營收的70%以上。

圖4-10　中華食（4205）的商品營業比重

(2) 107 年度商品營業比重

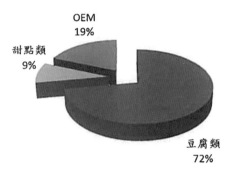

(3) 公司目前之商品項目

品　項	商　品　名　稱
豆腐類	超嫩、火鍋、雞蛋、家常、涼拌、有機、板豆腐、油豆腐及黃金豆腐
甜點類	豆花類(花生、水果)、愛玉類(檸檬)
冷凍類	凍豆腐、油豆腐、百頁豆腐、貢丸及中華火鍋料理等

資料來源：中華食品107年度年報＞營運概況＞第40頁

公司產品線是否可以讓未來幾年營收大幅成長？例如寶雅預計到2029年要展店440家，就算其同店營收維持不變，每年展店20家也可貢獻每年營收成長10％左右。

公司是否有持續改善現有產品或積極開發新產品，讓公司的營收和獲利可以持續增長？或者，是否能察覺潛在客戶的需求？例如寶雅另外成立寶家門市，跨足以男性客戶為主的五金材料市場，增加公司的成長動能。

目標市場的區隔與選擇

公司在市場上是否為獨占或寡占，或享有高市占率？還要觀察公司的市場地位是否經得起時間考驗。例如台積電在2019年就獨占7奈米製程的晶圓市場，而且產能滿載，許多客戶等著排產能，不敢不下單。

是否有客戶高度集中的風險？是否有大客戶占公司營收超過10%？如果單一客戶就占公司營收的50%以上，就要特別小心，因為只要客戶抽單或掉單，勢必嚴重衝擊公司的營收和獲利，例如2019年德州儀器收回大聯大與文曄的代理權，就對這兩家公司造成巨大的衝擊。

圖4-11 豐泰（9910）的主要客戶

六、最近二年度任一年度中曾佔進（銷）貨百分之十以上之客戶名稱及其進（銷）貨金額與比例：

（一）進貨百分之十以上之客戶：
（單位：新台幣仟元）

項目	2017 年度				2018 年度			
	名稱	金額	佔全年度進貨淨額	與發行人之關係	名稱	金額	佔全年度進貨淨額	與發行人之關係
1	甲供應商	4,240,710	17%	—	甲供應商	4,902,730	18%	—
2	其他	20,409,240	83%	—	其他	22,178,416	82%	—
	進貨淨額	24,649,950	100%	—	進貨淨額	27,081,146	100%	—

（二）銷貨百分之十以上之客戶：
（單位：新台幣仟元）

項目	2017 年度				2018 年度			
	名稱	金額	佔全年度銷貨淨額	與發行人之關係	名稱	金額	佔全年度銷貨淨額	與發行人之關係
1	甲客戶	48,755,922	83%	—	甲客戶	53,998,871	84%	—
2	其他	9,877,466	17%	—	其他	10,498,773	16%	—
	銷貨淨額	58,633,388	100%	—	銷貨淨額	64,497,644	100%	—

資料來源：豐泰2018年度年報＞營運概況＞第39頁

台股上市櫃公司多以代工為主，這種情況在非電子業也是如此。如圖4-11所示，豐泰的甲客戶（NIKE）占其營收高達80％以上，雖然豐泰與主要客戶的合作關係非常緊密，投資人還是需要特別關注該客戶的生意好壞與動向。

　　公司是否積極開發新客戶，以避免客戶過度集中？公司是否有堅強的銷售團隊，甚至老闆帶頭拜訪客戶？例如中磊的王煒總經理一年出差超過100天，與同仁到世界各地拜訪客戶。

公司的垂直整合程度

　　任何產業從原料到產品送至客戶手中，都必須經過許多流程與活動，那麼，這家公司是選擇專精其中一、二項，還是包山包海，從頭做到尾？例如億豐（8464）從事自有品牌的窗簾生意，不但上游的許多零件及包材都自製，而且跨足下游與當地經銷商合資做生意，也是高毛利率的因素之一，如圖4-12所示。相對而言，同業慶豐富（9935）就專注代工製造，兩者是完全不同的垂直整合策略。

公司的相對規模與規模經濟

　　這家公司是大公司，還是小公司？大公司的公開資訊較多，股價比較不容易大起大落；小公司的資訊相對不透明，投資人深入研究的難度較大。

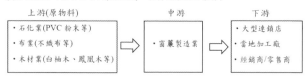

図4-12 億豐（8464）的產業上下游關連性

伍、營運概況

2.產業上、中、下游之關聯性

(1)窗簾產品（包含百葉門(shutters)、軟質窗簾及百葉窗）

上游(原物料)	中游	下游
・石化業(PVC 粉末等) ・布業(不織布等) ・木材業(白柚木、鳳凰木等)	・窗簾製造業	・大型連鎖店 ・當地加工廠 ・經銷商/零售商

　　窗簾產品主要由布料、木材、PVC 粉、鋁材等原材料及五金零件組合而成。因此該產業之上游領域主要係木材供應商、塑膠粉供應商、布料供應商以及五金零件製造商等，而下游銷售領域則以大型連鎖店、加工廠、經銷商/零售商為主。

資料來源：億豐107年度年報＞營運概況＞第59頁

　　公司擴大規模的策略做法與企圖心如何？短期間內急速擴張，不見得對每家公司都是好事，例如豐泰（9910）在2011年協助NIKE研發出Flyknit針織鞋，創辦人王秋雄卻放棄量產針織鞋這門生意，而維持自己的發展步調，因為這與豐泰的核心技術不同，且須投入大量資本。

　　公司是否藉由擴大規模而帶來經營效益的好處？例如降低產品的單位成本、增加與供應商或客戶的談判力，或是研究發展與廣告費用的分攤等。

公司的地理涵蓋範圍

　　現今企業為因應國際化發展，有可能在世界各地設立生產基地、研發中心或銷售據點。

台股上市櫃公司以製造業為主，投資人須了解：公司生產基地是根留台灣（例如大立光），還是主要在中國大陸生產（例如鴻海）？是否早已在東南亞設廠生產，還是為因應中美貿易戰，現在才緊急應變？我們由圖4-13可看出，台積電的中國子公司2019年盈餘為40億元，相較於公司稅後淨利總額3,452億元，不到2％。將圖4-6的台積電主要客戶與圖4-13的大陸投資資訊兩相比較，就知道對台積電而言，需求端會比供應端的影響更大。

圖4-13　台積電的大陸投資資訊

台灣積體電路製造股份有限公司及子公司
大陸投資資訊
民國 108 年 1 月 1 日至 12 月 31 日

附表十　　　　　　　　　　　　　　　　　　　　　　單位：除另予註明外，為新台幣仟元

大陸被投資公司名稱	主要營業項目	實收資本額（外幣為仟元）	……	被投資公司本期損益	本公司直接或間接投資之持股比例	本期認列投資（損）益	期末投資帳面金額
台積電中國子公司	積體電路及其他半導體裝置之製造、銷售、測試與電腦輔助設計	$ 18,939,667（RMB 4,502,080）	（略）	$ 4,037,216	100%	$ 4,070,094（註二）	$ 57,289,154
台積電南京子公司	積體電路及其他半導體裝置之製造、銷售、測試與電腦輔助設計	30,521,412（RMB 6,650,119）		1,289,672	100%	1,213,021（註二）	21,364,939

資料來源：台積電2019年第四季IFRSs合併財報第117頁

　　公司的產品銷售是以國內市場為主，或專攻歐美市場，還是行銷全世界？這並無好壞之分，只是公司的策略取捨。上市櫃公司季報附註最後的「部門資訊」，多會提供地區別的營收和

淨利，可觀察公司在不同市場的營運概況和成長潛力。例如遠東百貨跨足中國大陸開店，投資人就需要關注中國大陸市場的虧損改善情況，如圖4-14所示。而寶雅100％專注經營台灣市場，商業模式就相對單純，如圖4-15所示。

圖4-14 遠百（2903）的部門收入與營運結果

（一）部門收入與營運結果

部門	收　　入		部門損益	
	108年度	107年度	108年度	107年度
臺灣	$ 35,037,293	$ 36,129,276	$ 4,686,642	$ 4,438,794
中國大陸	2,858,769	3,113,275	(147,991)	(251,465)
繼續營業單位總額	$ 37,896,062	$ 39,242,551	4,538,651	4,187,329

資料來源：遠百2019年第四季季報＞部門資訊＞第95頁

圖4-15 寶雅（5904）的部門收入與營運結果

（六）地區別資訊

本公司民國108年度及107年度地區別資訊如下：

	108　　年　　度		107　　年　　度	
	收　　入	非流動資產	收　　入	非流動資產
台灣	$ 15,787,694	$ 13,592,943	$ 14,084,032	$ 2,982,765

資料來源：寶雅2019年第四季季報＞部門資訊＞第44頁

公司的競爭武器

藉由前述的產品線、目標市場、整合程度、相對規模與地理涵蓋範圍，公司是否可以創造或設計出獨有的競爭武器，讓公司能夠有定價能力、維持高毛利或高ROE？例如行銷方面的品牌、專利、通路掌握，甚至經營特許權，生產方面的成本規模

經濟，或技術方面的專利與營業祕密。

經營者是否能幹且值得信賴

巴菲特在2019年致波克夏股東信中提及選股三要件，其中之一就是「經營者必須能幹且值得信賴」，這個必要條件是他投資數十年堅持的原則，而且是從1977年至今一字未改的鐵律。巴菲特一方面重視經營者是否能充分發揮公司潛力與善用公司資本，另一方面更重視經營者的操守，並打趣說最好是投資一家你願意把女兒嫁給經營者的公司。巴菲特認同孔子所說的「道不同，不相為謀」，他從不為了賺錢，而投資自己不喜歡的人所經營的公司。

公司的經營者一般是指總經理或執行長，經營者是否稱職，從成敗論英雄就是檢視公司的經營績效，例如營收與獲利是否穩健成長、股東權益報酬率是否居高不下。另一方面也要觀察經營者是否有高水準的經營管理能力，例如台積電創辦人張忠謀以自己六十年的親身經歷總結，認為一位好的總經理必須兼顧研發、生產與行銷三大基本能力，才能發揮公司的最大戰力，且要能凝聚員工的向心力，並帶領公司往成功的方向前進。你可掃描右方的QR Code或直接輸入章末注釋的短網址❺，觀看張忠謀談總經理五大必備能力的影片。

張忠謀談總經理五大必備能力

但更重要的是，公司是否值得投資人信賴，經營者是否以股東利益為優先考量？經營者是否對公司資訊開誠布公，而非報喜不報憂？是否每季召開法說會，而非業績大好時就積極與投資人交流，諸事不順時就三緘其口？公司因成長擴張而須增資時，是否獨厚公司高層，還是讓小股東雨露均霑？經營者的言行是保守穩健還是浮誇膨風，上網搜尋他的媒體報導大概就能略知一二，投資時避開不值得信任的人，可以減少許多不必要的困擾。最後問問自己，如果跟朋友合夥做生意，你會找什麼樣的夥伴？

結語：獨立思考，小心求證

了解自己的能力圈，加上有紀律地執行，專注於能力圈內的公司與產業，避免在能力圈外輕舉妄動，是一流投資者堅守的最重要投資原則。男士可參考當兵時靶場射擊的基本要領：「看不見不打，打不到不打，瞄不準不打。」

想要擴大自己的能力範圍，就要靠大量閱讀與終身學習，深入研究基本面，才是長期投資成功的不二法門。優異的投資績效來自對公司的全盤掌握，了解一家公司的基本面只是起手式，下一章再介紹如何看懂財報來分析公司好壞，還有第六章會教你如何判斷一家公司未來還是不是好公司。讓我們繼續看下去。

―――――――― **本章學習重點** ――――――――

1 堅守能力圈，不懂不買

2 公司的經營者是否能幹且值得信賴

3 公司的六大策略構面
- ‧產品發展
- ‧目標市場
- ‧垂直整合程度
- ‧規模大小
- ‧地理涵蓋範圍
- ‧競爭武器

4 蒐集公司資訊的主要管道
- ‧公司年報
- ‧公司季報
- ‧公司法說會
- ‧券商報告
- ‧網路搜尋

億豐：全球窗簾領導品牌大廠

　　經由公司官網、年報、季報、法說會、券商報告及網路搜尋等資料來源，將億豐（8464）的相關資訊整理如下，依產品發展、目標市場、整合程度、規模大小、地理涵蓋範圍和競爭武器分門別類，以利後續進一步研究分析。

　　億豐工業於1974年成立，1993年掛牌上市，2008年為併購美國地區型經銷商與整合生產供應鏈，藉由公開收購申請下市，七年之後再於2015年重新上市。集團總人數約8,000人，董監持股28.17%，粘耿豪身兼董事長及總經理，產業經歷超過二十年，主要經營團隊的平均產業經歷也在二十年以上。

　　億豐以往的股息配發率大約是80%，但2019年雖然每股盈餘

圖4-16 億豐的營收穩定成長（單位：億元）

資料來源：億豐2020年3月法說會資料

創新高，達15.37元，卻只配發10元現金股息，低於預期，主要是因應2020年預計在墨西哥及緬甸擴廠的資本支出。

億豐的營收穩健成長，從2011年的92億元，逐年成長到2019年的239億元（如圖4-16所示），年化成長率為12.7％。2019年的營收占比，美國市場占77％，歐洲市場占18％，亞洲市場及其他占5％。以營收而言，美國市場大於歐洲市場；但以成長率而言，歐洲市場優於美國市場，2019年的成長率分別為18.4％和7.4％。

在產品發展方面，億豐有客製化窗飾和固定尺寸窗飾兩大產品線，客製化產品少量多樣，固定尺寸產品大量生產，兩種產品線的通路也完全不同。2019年公司營收239億元，客製化與固定尺寸的營收占比分別為55％和41％，如圖4-17所示。其客

圖4-17 億豐兩大產品線的營收占比

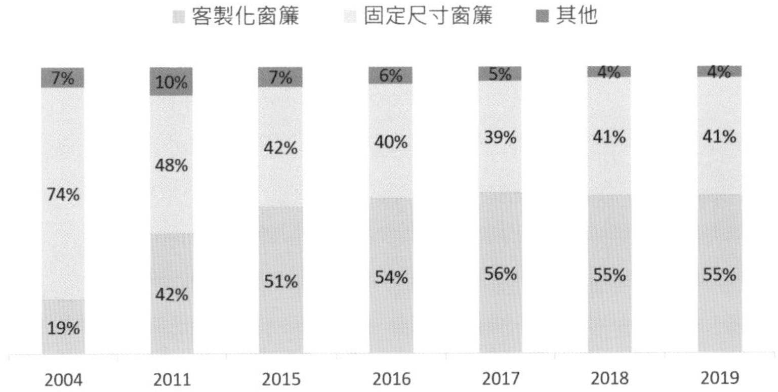

資料來源：億豐2020年3月法說會資料

製化實木百葉窗（Shutters）和固定尺寸百葉簾（Blinds）的銷量居世界第一。

在目標市場方面，億豐於美國創立自有品牌NORMAN，專注於客製化窗簾商品的生產製造及行銷推廣，並於荷蘭創立自有品牌VENETA，針對歐洲經營客製化窗簾商品的電子商務。2019年美國市場營收185億元，年增8％，歐洲市場營收44億元，年增18％，歐美兩大市場仍是億豐未來營運布局的重點所在。

在通路策略方面，自有品牌客製化窗簾的行銷推廣，主要是透過小型窗飾專賣店或設計師，主要競爭者為當地窗簾加工廠，例如Hunter Douglas；固定尺寸產品則經由大型連鎖賣場銷售，例如Wal-Mart與Home Depot，主要競爭者為其他台商。

在垂直整合程度方面，億豐一方面向上游零組件整合，以因應客製化的少量多樣，例如紙板和紙箱規格就有數千種，塑膠零配件的自製率則大於90％、金屬零配件大於70％；另一方面向下游通路整合，併購當地經銷商，以推廣自有品牌客製化產品。

在相對規模與規模經濟方面，2020年將持續擴增柬埔寨工廠的三期產能，墨西哥新廠則建置客製化窗飾生產線，預計2020年第二季投產。2020年底籌建緬甸廠，以固定尺寸窗飾為主。

在地理涵蓋範圍方面，億豐的全球營運總部在台中市，海外行銷據點及客服中心遍及美國、歐洲及日本，北美總部設立在美國加州洛杉磯，並於德州、加州及佛州設置多處客製化產品

轉運站，提供在地化服務。生產據點包括中國大陸東莞廠區、柬埔寨廠區、墨西哥廠區及緬甸廠區，客製化產品主要在東莞工廠生產，固定尺寸產品逐漸以柬埔寨工廠為主。

　　億豐創立「網路接單和遠端製造」的商業模式，突破客製化窗簾必須在地製造的傳統生意做法。其主要競爭武器為綿密的通路布局，拉高客製化窗簾的進入障礙，以及生產製程高度垂直整合，以配合少量多樣的需求、降低生產成本並提高毛利率。

❶ 資料來源：1996年巴菲特致波克夏公司股東信
❷ 資料來源：1996年巴菲特致波克夏公司股東信
❸ 巴菲特談能力圈的影片：https://youtu.be/KAIaPIEZ9pY
❹ 資料來源：司徒達賢所著的《策略管理》
❺ 張忠謀談總經理五大必備能力的影片：https://youtu.be/k9c3h_cA8g4

第五章

一流投資架構第二關：
這家公司
是好公司嗎？

別的男人喜歡看《花花公子》
雜誌，我喜歡看企業財報。
　　──華倫・巴菲特

| 一流投資
架構
（國中程度） | 第**2**關 | 闖關問題：
**這家公司是
好公司嗎？** | 通關提示：
九大指標 |

投資人除了掌握公司的基本面之外，最好能看懂財報重點，才能真正分辨公司好壞，提高自己的專業判斷能力。本章進入一流投資架構的第二關（如圖5-1所示），會介紹三大表的基本架構與九大指標的投資應用，最後的個案研究會教你如何三分

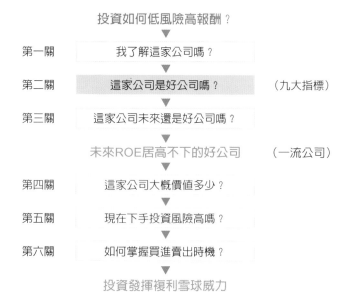

圖5-1 一流投資架構第二關

投資如何低風險高報酬？

第一關	我了解這家公司嗎？
第二關	這家公司是好公司嗎？	（九大指標）
第三關	這家公司未來還是好公司嗎？

未來ROE居高不下的好公司 （一流公司）

第四關	這家公司大概價值多少？
第五關	現在下手投資風險高嗎？
第六關	如何掌握買進賣出時機？

投資發揮複利雪球威力

鐘快速通關，讓你沒有財務背景，也能破解關鍵投資密碼。

巴菲特認為：「一個好的投資人會是好的生意人，一個好的生意人也會是好的投資人。」2020年，他還安排波克夏旗下操盤手托德‧康姆斯擔任蓋可保險CEO。所以，好的生意人心目中的好公司，就非常值得投資人關注。台灣最受尊崇的企業家——台積電創辦人張忠謀認為，就公司基本面而言，標竿企業必須具備五大要件，如表5-1所示，而且大部分都應該用數量化衡量。❶

表5-1　標竿企業的五大要件
1.穩健的自由現金流量
2.高品質的資產負債表
3.每股盈餘成長與成長潛力
4.結構性獲利能力與定價權
5.企業文化與企業價值觀

資料來源：張忠謀的專題演講〈企業的基本面〉

張忠謀所說的標竿企業要件前三項，就分別對應財務報表的「現金流量表」「資產負債表」及「損益表」。通常投資新手只看損益表，老手會看資產負債表，高手才知道現金流量表最重要，而標竿企業的第一要件「穩健的自由現金流量」，就是來自現金流量表，可見張忠謀不但是生意高手，也是投資高手。

張忠謀對公司基本面的精闢見解，正好可以回答圖5-1一流投資架構前三關的問題，強烈建議你一定要花二十分鐘，看完由下方QR Code連結進入的張忠謀演講（或直接輸入章末注1的短網址）。有了他經營事業五十年功力的加持，對於學習成為一流投資人絕對有事半功倍之效。這段影片我看了至少十遍，每看一遍都有不同的領悟和收穫。

張忠謀的專題演講〈企業的基本面〉

先看九大指標，再看財務報表

　　投資股票是投資未來，投資人就像電影續集的編劇，你在思考公司未來發展時，不能天馬行空，最好有憑有據，讓劇情發展連貫一致且合情合理。而你的思考邏輯主要依據有三，一是了解這家公司的基本面（第四章），二是看懂公司的財報重點（第五章），三是評估公司未來的競爭力（第六章），所產出的編劇作品就是第七章〈這家公司大概價值多少？〉。所以，投資人最好每季檢視公司財報，確認電影情節發展有沒有照著你的劇本走，或者評估是否需要修改劇本。

　　公司財報就像電影續集的前情提要，財報三大表「損益表」「資產負債表」與「現金流量表」是主要場景，演員則由第二章的「三好一公道」成員擔綱，股東權益報酬率是男主角，本益比是女主角，每股盈餘成長是男配角，淨負債比是女配角。

　　一般投資人應該沒有像巴菲特一樣的美國時間，每天閱讀

500頁財報，一年看5,000多家公司。投資股票可比照新創募資的333原則：花30秒先看男主角「股東權益報酬率」與女主角「本益比」，如果男女主角不好看，直接晾在一邊不管；如果男女主角看得順眼，就用3分鐘檢查表5-2的九大指標，看看公司的財報成績單是否令人滿意，再決定要不要花3小時深入研究公司的三年年報，這樣可以節省90％的時間成本。

投資人一定要學會閱讀財務報表，不能以不懂會計作藉口。張忠謀是機械系與電機博士畢業，會計與財務不但自學有成，還能應用財報重點作為標竿企業的量化指標，非常值得投資人效法學習。

許多人都認為財報是「照後鏡」，對了解公司的未來助益有限，卻忽略財報也是「透視鏡」，可以看清楚這家公司是真

表5-2 九大指標選好股

	指標名稱	指標重點	損益表	資產負債表	現金流量表
指標1	營收成長率	獲利能力	V		
指標2	每股盈餘成長率	獲利能力	V		
指標3	毛利率	獲利能力	V		
指標4	股東權益報酬率	獲利能力	V	V	
指標5	本益比	評價分析	V		
指標6	自由現金流量	現金流量			V
指標7	營運週轉天數	經營能力	V	V	
指標8	淨負債比	償債能力		V	
指標9	利息保障倍數	償債能力	V		

賺還是假賺。例如看到新聞報導公司獲利倍增時，可查看損益表檢視是本業獲利，還是一次性業外收益；再檢視自由現金流量表，核對公司實際進帳現金與帳上淨利的差距是否過大。最後，財報也有鑑往知來的功能，因為公司的經營模式與財務績效，不會在短時間內突然轉變，深入研究公司的年報與季報，更有助於掌握公司的未來發展趨勢。

　　財報是公司經營的成績單，投資人要三大表一起看，觀察財報數字的關連性，才能綜合判斷，避免以偏概全或見樹不見林，就像你檢查小孩的成績單，不會只看一科國文分數一樣。如圖5-2所示，巴菲特最重視的股東權益報酬率（ROE）即是來自損益表的稅後淨利和資產負債表的股東權益；另外，交叉比對損益表的稅後淨利與現金流量表的營業活動現金流量，可以確認公司的盈餘品質，獲利能力真假立判。

圖5-2 財報三大表的關連性

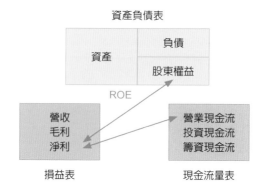

上市櫃公司會於6月前公布去年的公司年報，在股東大會當場發放給股東，並於下列期限公布每季季報。投資人可上公司官網或公開資訊觀測站查詢，如第四章圖4-2和4-4所示。

- 去年第四季財報：3/31之前
- 今年第一季財報：5/15之前
- 今年第二季財報：8/14之前
- 今年第三季財報：11/14之前

本章希望以深入淺出的方式，藉由財報三大表，讓你輕鬆掌握九項財務指標的意義與應用。看懂三大表，培養對財報數字的敏感度，是判斷公司好壞的基本功。你一定要花時間閱讀財報，才能完整了解公司的營運狀況，而非只看幾個簡單的評價指標，就輕率下判斷。好比只看網紅的五分鐘劇情介紹，你無法真正體會一部電影的精采內容與精心布局。

接下來就將表5-2展開說明，依次介紹損益表、資產負債表及現金流量表，並穿插說明九大指標。其中會以台積電的財報三大表摘要為主，說明財務數字與營運表現之間的關係，輔以其他上市櫃公司的財報作為補充。

損益表：公司是否有長期穩定的獲利能力

損益表是表達公司如何賺錢的報表，主要觀察公司是否有長

期穩定的獲利能力，基本架構如圖5-3所示。

圖5-3 損益表的基本架構

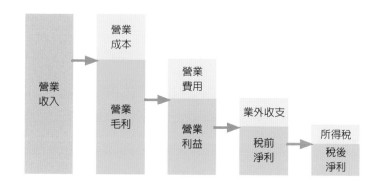

- **營業收入**：公司銷售產品與提供服務的收入淨額，也是公司本業獲利的主要來源。
- **營業成本**：公司製造產品或提供服務的直接成本，包括直接原料、直接人工、製造費用等。
- **營業毛利**：指營業收入減去營業成本，毛利愈高，代表公司的競爭力愈強，定價權愈大。
- **營業費用**：包括推銷費用、研發費用和管理費用這三個主要科目，代表公司的間接費用。不像營業成本多是變動成本，營業費用的固定成本較多，在營收大幅成長下也不會明顯增加。
- **營業利益**：指營業毛利減去營業費用，代表公司本業的損益情形。

・**營業外收支**：主要項目包括權益法認列損益、外幣兌換損益、利息收入或利息費用、處分廠房設備或投資之損益。

・**稅前淨利**：指營業利益加減營業外收支後的金額。

・**稅後淨利**：指稅前淨利減去所得稅費用，代表公司的本期淨利。稅後淨利除以加權平均流通在外股數，即是每股盈餘（Earning per Share，簡稱EPS）。

以台積電的損益表為例，從表5-3可看出由營業收入到產生每股盈餘的整個過程。首先看當期數字，台積電的2019年營收為1兆零700億元，減去營業成本5,773億元，營業毛利為4,927億

表5-3 台積電損益表摘要（金額單位：億元，惟每股盈餘為元）

	2019年度		2018年度	
營業收入	10,700	100.0%	10,315	100.0%
營業成本	5,773	54.0%	5,336	51.7%
營業毛利	4,927	46.0%	4,979	48.3%
營業費用	1,200	11.2%	1,121	10.9%
營業淨利	3,727	34.8%	3,836	37.2%
營業外收入及支出	171	1.6%	139	1.3%
稅前淨利	3,898	36.4%	3,975	38.5%
所得稅費用	445	4.1%	463	4.5%
稅後淨利	3,453	32.3%	3,512	34.0%
每股盈餘	13.32（元）		13.54（元）	

資料來源：台積電2019年第四季IFRSs合併財報第9頁「合併綜合損益表」

元；再減去營業費用1,200億元，營業淨利為3,727億元；加上業外收入171億元，稅前淨利為3,898億元；扣除所得稅費用445億元後，稅後淨利為3,453億元；最後，將台積電的本期淨利3,453億元除以流通在外股數共259.3億股，即可算出2019年的每股盈餘為13.32元。

其次，再與去年同期比較。台積電的2019年營收成長4%，但營業毛利率減少2.3個百分點，是導致稅後淨利與每股盈餘反而衰退2%的主要原因。或許你會問，為什麼台積電在2019年獲利衰退，股價卻大漲？本章最後的個案研究會揭開謎底。

財報指標1：營收成長

由表5-3可看出，營業淨利等於營業收入減去營業成本與營業費用，所以獲利成長的主要來源有三：增加營收、降低成本或減少費用支出，其中營收才是可長可久的獲利來源。如果兩家公司獲利成長率相同，一家主因是營收成長，另一家則是靠降低成本，通常前者比較有獲利成長潛力。

投資人除了觀察公司的短期成長動能外，還應該檢視長期營收的穩定性與成長性，最好能夠觀察十年趨勢。例如金融海嘯後，台積電逆勢大舉增加資本支出，並抓到智慧型手機與高效能運算的成長契機，營收從2009年的2,957億元逐年成長，到2019年營收1兆零700億元，十年複合成長率為14%（如圖5-4所示），不論產業景氣好壞，營收都穩定成長，更是難能可貴。

圖5-4　台積電的十年營收成長（單位：億元）

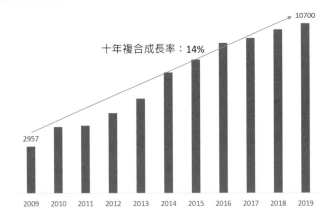

十年複合成長率：14%

10700

2957

2009　2010　2011　2012　2013　2014　2015　2016　2017　2018　2019

財報指標2：每股盈餘成長

　　表5-1的標竿企業第三大要件是每股盈餘成長。張忠謀認為：
「所謂成長，絕對不是營收成長。只是營收成長而沒有獲利成
長，或營收成長超過獲利成長，都是不好的，所以我們講的是
每股盈餘成長。」❷

　　每股盈餘是評估公司獲利能力最常用的指標，也是股價上
升最主要的動力來源。在評估每股盈餘的成長趨勢時，最好能
檢視十年數據，否則至少也要看五年。如果每股盈餘能長期穩
定成長，表示公司有持久的競爭優勢，也就是說並非一時好運
或短期缺貨而獲利爆發。另外，獲利成長有時只是基期較低而
已，因此評估一家公司的經營績效，ROE居高不下比獲利成長
率更有價值。另外要注意的是，帳上淨利不等於現金入袋，最

好進一步檢視現金流量是否正常。

　　長期獲利穩定成長的公司，未來持續再創佳績的機率，遠大於過去表現差的公司；另一方面，找出公司以往表現好的核心競爭力，只要這個競爭優勢持續不變，就能確保公司未來獲利能夠持續成長。

　　以圖5-5的寶雅（5904）為例，其每股盈餘的十年複合成長率高達24％，這種獲利能力堪稱台股前段班的資優生，股價也在十年間翻漲10倍以上。

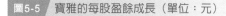
圖5-5　寶雅的每股盈餘成長（單位：元）

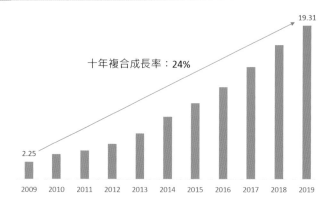

財報指標3：毛利率居高不下

　　表5-1的標竿企業第四大要件是結構性獲利能力與定價權。張忠謀認為：「公司要有定價權，至少要有相當的定價權，不

然不會很好的。而定價權主要來自科技領導地位、市場領導地位，或有一個好的商業模式等等。定價權是一個企業的硬實力，非常困難，可是非常重要。」而定價權的主要量化指標，就是毛利率。

營收等於平均銷售價格（ASP）乘以銷售數量，所以，營收增加可由漲價或多銷兩種方式達成，而前者比後者更好，因為ASP提升通常會帶動毛利率上升。

毛利率是指營業毛利除以營業收入，反映產品的附加價值與公司的定價能力。張忠謀認為好公司的每股盈餘成長率應該要大於營收成長率，其主要因素就是來自毛利率的提升。

以表5-4的中菲行（5609）為例，2019年營收比2018年微幅衰退，但2019年的毛利率16.6％相較於2018年的13.6％，提升3個百分點，是讓2019年稅後淨利與每股盈餘大幅成長的主因——2019年每股盈餘3.2元就比2018年的2.09元成長50％。由此可見，一般人料想不到的是，毛利率只要改善幾個百分點，公司獲利就明顯大幅提升。

如果公司的產品或服務具備競爭力，或在市場位居領先地位，通常公司會有一定程度的定價能力，毛利率往往能夠維持一定的水準。例如巴菲特的主要持股，蘋果的毛利率約38％，可口可樂的毛利率高達60％；台股績優生的毛利率也不遑多讓，台積電的毛利率50％，大立光的毛利率甚至有70％。

毛利率是影響公司獲利的關鍵因素，毛利率居高不下，代表產品附加價值高且同業無法模仿複製；而且毛利率如果明顯提

升，會直接帶動每股盈餘大幅成長，更是讓股價反映公司競爭
力與合理價值的最佳催化劑。所以，只要公司季報一揭露毛利
率大幅提升，股價通常會迅速反映，甚至亮燈漲停。

表5-4　中菲行損益表摘要（金額單位：億元，惟每股盈餘為元）

	2019年度		2018年度	
營業收入	178.0	100.0%	184.4	100.0%
營業成本	148.4	83.4%	159.3	86.4%
營業毛利	29.6	16.6%	25.1	13.6%
營業費用	24.6	13.8%	22.3	12.4%
營業淨利	5.0	2.8%	2.8	1.5%
營業外收入及支出	-0.1	-0.0%	0.3	0.2%
稅前淨利	4.9	2.8%	3.1	1.7%
所得稅費用	0.9	0.5%	0.4	0.2%
稅後淨利	4.0	2.2%	2.7	1.5%
每股盈餘	3.20（元）		2.09（元）	

資料來源：中菲行2019年第四季IFRSs合併財報第6頁「合併綜合損益表」

資產負債表：公司的資金來源與資金用途

　　資產負債表顯示公司在某一個時間點上，擁有多少財產和負
債，也可用來檢視經營者如何運用公司資金以產生獲利。資產
負債表主要有三大科目：「資產」「負債」與「股東權益」。
如圖5-6所示，資產負債表分成左右兩部分，「資產」在左側，
代表公司的資金用途；「負債」與「股東權益」在右側，代表

公司的資金來源，其中負債是來自債權人的外部資金，股東權益是來自股東的自有資金。而且，左側的「資產總計」與右側的「負債與權益總計」金額必須相等。

圖5-6 資產負債表的基本架構

資金用途 ▼

資產
流動資產
· 現金
· 應收帳款
· 存貨

非流動資產
· 長期投資
· 土地廠房及設備
· 無形資產

資金來源 ▼

負債
流動負債
非流動負債

負債合計

股東權益
股本
資本公積
保留盈餘

股東權益合計

資產總計　＝　負債與權益總計

資產負債表是存量的概念，代表特定日期的公司情況。例如公司年報的資產負債表，即顯示公司在年底12/31的資產、負債與股東權益金額。

「資產」以能否在一年內變現為基準，分成流動資產與非流動資產，並依變現性的難易程度由上至下排列，例如現金、應收帳款、存貨、機器設備與廠房土地等。公司的資產配置比例，會透露出其商業模式與營運策略。

「負債」是來自債權人的外部資金，依還款期限分為兩類：一年之內須償還的為「流動負債」，例如短期借款、應付帳款與合約負債；償還義務在一年以上的是「非流動負債」，例如長期借款與公司債。

「股東權益」是來自股東出資與公司盈餘的內部資金，主要科目為股本、資本公積與保留盈餘。其中，股本等於股票面額

乘以發行股數，資本公積為股票發行價格與股票面額的差額乘以發行股數，保留盈餘等於法定盈餘公積加上未分配盈餘。

分析資產負債表時，先看公司在本期有多少家當、有多少錢是借來的、有多少錢是自己的，接著再跟前一年相比，最後跟同業做比較。

張忠謀所謂「高品質的資產負債表」是指資產的主要項目專注本業，保留足夠的現金部位穩健經營，而且沒有高估的資產，也沒有低估的負債。以表5-5的台積電資產負債表為例，其中「不動產、廠房及設備」有1兆3,524億元，占資產的60％，表示台積電專注本業；另外，帳上的「現金及約當現金」有4,554億元，占資產的20％，「負債」合計為6,427億元，占資產比例不到30％，也代表台積電的穩健經營之道。「保留盈餘」有1兆3,333億元，占資產近六成，也呼應巴菲特在2019年致波克夏股東信中所強調的，公司賺錢除了發放股利之外，保留盈餘更是公司持續成長的最佳動力。

高估的資產，是指例如虛增的應收帳款、存貨或無形資產的商譽等。公司更換執行長、虧大錢或合併時，有時會認列資產減損，就是要打消高估的資產。例如裕隆（2201）2019年大虧244.65億元，主要就是認列包括東風裕隆、台灣納智捷、華創車電的資產減損，在資產負債表的「應收票據及帳款」及「其他應收款」各提列89.6億元和86.7億元的預期信用損失❸。

低估的負債，是指例如潛在的訴訟官司賠償金額。燦星網（4930）跟UCC等廠商的合約官司在日本第一審敗訴，就在

「其他非流動負債」認列1.28億元的可能賠償金額❹；反之，廣明（6188）與惠普的美國官司一審敗訴的可能賠償金額4.39億美元，所估列的相關損失及負債準備❺，是資產負債表上看不出來的潛在投資風險。

表5-5 台積電2019年資產負債表摘要（金額單位：億元）

資產			負債		
流動資產			流動負債		
現金及約當現金	4,554	20.1%	短期借款	1,185	5.3%
短期金融資產	1,280	5.6%	應付帳款	402	1.8%
應收帳款	1,398	6.2%	合約負債	1,408	6.2%
存貨	830	3.7%	應付現金股利	1,297	5.7%
其他金融資產	110	0.5%	應付費用及其他	1,297	5.7%
其他流動資產	53	0.2%	一年內到期長期負債	318	1.4%
流動資產合計	8,226	36.3%	流動負債合計	5,907	26.1%
非流動資產			非流動負債		
長期金融資產	115	0.5%	應付公司債	251	1.1%
權益法之投資	187	0.8%	其他非流動負債	269	1.2%
不動產、廠房及設備	13,524	59.7%	非流動負債合計	520	2.3%
使用權資產	172	0.8%	負債合計	6,427	28.4%
無形資產	207	0.9%	股東權益		
遞延所得稅資產	179	0.8%	股本	2,593	11.4%
存出保證金	21	0.1%	資本公積	563	2.5%
其他非流動資產	17	0.1%	保留盈餘	13,333	58.9%
非流動資產合計	14,422	63.7%	股東權益合計	16,221	71.65
資產總計	22,648	100%	負債及權益總計	22,648	100%

資料來源：台積電2019年第四季IFRSs合併財報第8頁「合併資產負債表」

財報指標4：股東權益報酬率居高不下

　　每股盈餘可用來了解公司的獲利能力，但只看每股盈餘無法得知經營績效的好壞，必須考慮投入的資金成本。所謂股東權益報酬率（ROE），就是公司運用股東權益產生獲利的能力，簡單來說，就是公司用股東資本賺錢的效益；ROE數值愈高，意味著股東可以享受到公司更多獲利，而且如第二章圖2-2所示，ROE愈高，通常也代表每股盈餘成長率愈高。

　　股東權益報酬率定義為稅後淨利除以平均股東權益，公司季報上沒這個數據，你必須自行計算，或參考《台股價值站》App。例如台積電2019年的ROE計算如下：

$$\text{2019年ROE} = \text{2019年稅後淨利} / ((\text{2019年股東權益}$$
$$+ \text{2018年股東權益}) / 2)$$
$$= 3{,}453 / ((16{,}221 + 16{,}775) / 2) = 20.9\%$$

　　觀察公司的ROE趨勢，最好檢視十年數據，至少看五年，才可判斷ROE是否居高不下、是否起伏不定。一方面須觀察獲利來源是否來自本業、是否為一次性的獲利認列；另一方面應留意公司是否藉由財務槓桿拉高ROE表現，槓桿愈大風險愈高，所以應進一步檢視資產報酬率（ROA），最好挑選ROA大於10%，而且同樣居高不下的公司。巴菲特在1983年致波克夏股東信中，將公司依ROE與資本配置分成四等：

- 第一等：高ROE，可保留盈餘再投資，例如百貨業的寶雅（5904）
- 第二等：高ROE，高配息但無法再投資，例如食品業的中華食（4205）
- 第三等：高ROE，但不得不持續投資以維持競爭力，例如半導體業的台積電（2330）
- 第四等：低ROE，還須增資以維持競爭力，例如生技業的浩鼎（4174）

財報指標5：本益比

本益比定義為股價除以每股盈餘，也可視為市值除以稅後淨利，通常作為股票是便宜還是太貴的指標——本益比愈高，股價愈可能被高估；反之，本益比愈低，股價愈可能被低估。

近四季本益比是最常見的本益比數字，定義為目前股價除以近四季的每股盈餘。例如台積電在2020年3月底股價為274元，由表5-3的損益表可知近四季（2019年第一季至2019年第四季）每股盈餘為13.32元，所以目前本益比等於20.6倍（＝274／13.32）。

股票的合理本益比應該是多少倍？有三種評估基準，一是參照同業的本益比，二是參考這家公司的歷史本益比區間，最後一種評估基準則是本益成長比（PEG ratio）的概念。

$$本益成長比（PEG）= \frac{預估本益比}{預估每股盈餘成長率}$$

本益成長比主要考量本益比與未來獲利成長性，定義為預估本益比除以預估每股盈餘成長率，當本益比等於每股盈餘成長率時，可視為合理本益比。如第二章表2-6整理的本益比與每股盈餘成長率關係，如果未來每股盈餘成長率有12％，合理本益比就12倍；每股盈餘成長率有15％，合理本益比就15倍。投資大師彼得‧林區建議，除了PEG等於1視為估值合理之外，最好要找PEG小於0.75的投資機會。

現金流量表：公司賺到現金的真本事

現金流量表是指一固定期間內（每季或每年），公司現金的增減變動情形，並根據其現金用途，劃分為三大類活動，分別是「營業活動」「投資活動」及「籌資活動」（如圖5-7所示）。現金流量表的主要作用，在評估公司的短期現金週轉與發放現金股息的能力，更進一步可評估公司能否自籌資金再投資，不必向股東增資或向銀行借款。

營業活動之現金流量可用來檢驗公司的獲利是否有變成現金入袋。損益表呈現獲利的公司，營業活動現金流量應該也是正值，若顯示代表現金流出的負值，就要特別注意，這表示獲利可能積壓在應收帳款或其他地方。

圖5-7   現金流量表的基本架構

期初 現金餘額	+	營業活動之 現金流量	+	投資活動之 現金流量	+	籌資活動之 現金流量	=	期末 現金餘額

表5-6   台積電現金流量表摘要（金額單位：億元）

	2019/12/31	2018/12/31
營業活動之現金流量		
稅前淨利	3,898	3,975
折舊費用	2,814	2,881
攤銷費用	55	44
支付所得稅	(520)	(454)
……		
營運活動產生之淨現金流入	6,151	5,740
投資活動之現金流量		
取得不動產、廠房及設備	(4,604)	(3,156)
處分不動產、廠房及設備價款	3	2
……		
投資活動之淨現金流出	(4,588)	(3,143)
籌資活動之現金流量		
短期借款增加	318	239
償還公司債	(349)	(580)
支付現金股利	(2,593)	(2,074)
……		
籌資活動之淨現金流出	(2,696)	(2,451)
年初現金及約當現金餘額	5,778	5,534
年底現金及約當現金餘額	4,554	5,778

資料來源：台積電2019年第四季IFRSs合併財報第13頁「合併現金流量表」

財報指標6：自由現金流量

　　張忠謀認為好公司的首要之務，就是要有穩定的自由現金流量（Free Cash Flow，簡稱FCF）。

　　公司損益表的「稅後淨利」是帳面獲利數字，只是賺面子；現金流量表的「自由現金流量」是公司真正賺到口袋的現金，才是賺裡子。自由現金流量代表在不影響營運的情況下，公司能夠自由使用的現金餘額，例如可以發放現金股利或再投資擴大規模。

　　會計上定義的自由現金流量為「營業活動之現金流量」減去「投資活動之現金流量」，因為其中有些會計科目，對評估常態的自由現金流量，助益有限（例如營運週轉的應收帳款、存貨與應付帳款），甚至會誤導投資人（例如處分或取得金融資產），巴菲特便提出「業主盈餘」的概念❻，代表不影響正常營運的情況下，公司老闆可以自由運用的現金。所以，他認為業主盈餘比稅後淨利更適合評估公司價值。

　　巴菲特定義的業主盈餘，是指稅後淨利加上折舊攤提與一些非現金支出項目，再減去維持公司競爭力的資本支出。本書的自由現金流量就是採用「業主盈餘」概念，對照表5-6現金流量表相關會計科目，「資本支出」為不動產、廠房及設備的淨支出金額，則自由現金流量的公式可定義如下：

自由現金流量＝稅後淨利 + 折舊及攤銷費用－資本支出

＝（稅前淨利－本期支付所得稅）+ 折舊及攤銷費用

－（取得不動產、廠房及設備－出售不動產、廠房及設備）

以台積電為例，如表5-6所示，稅前淨利為3,898億元，本期支付所得稅為520億元，折舊及攤銷費用合計為2,869億元，取得不動產、廠房及設備4,604億元，出售不動產、廠房及設備3億元，在外加權流動股數為259.3億股，所以：

2019年自由現金流量＝(3,898－520) + 2,869－(4,604－3)
＝1,646（億元）

每股自由現金流量＝1,646 / 259.3＝6.35（元）

最後要注意的是，台灣會計制度從2019年開始導入IFRS第17號公報，如果公司的租賃資產金額很大，計算自由現金流量時，就要剔除租賃費用對折舊與攤提的影響。

股價與自由現金流量比

巴菲特看得上眼的投資標的，帳面獲利只是基本要求，最好是不用花大錢投資就能源源不絕賺現金的生意。他用資本支出的差異，把公司的商業模式區分成三種等級。❼

- 夢幻生意（Great）：稅後淨利＞0，而且自由現金流量＞稅後淨利
- 賺錢生意（Good）：稅後淨利＞0，但是稅後淨利＞自由現金流量＞0
- 燒錢生意（Gruesome）：自由現金流量＜0

所以，若發現一家好公司，不但獲利長期穩定成長，且每股自由現金流量還大於每股盈餘，即符合巴菲特心目中不可多得的夢幻生意，非常值得密切追蹤，耐心等待好價位。由表5-7可看出，巴菲特的兩大持股，蘋果與可口可樂，就是最佳例證。

表5-7　蘋果與可口可樂的每股盈餘與每股自由現金流量

	蘋果			可口可樂		
	每股盈餘		每股FCF	每股盈餘		每股FCF
2015年	9.22	＜	11.59	2.00	＜	2.49
2016年	8.31	＜	10.53	1.91	＜	2.37
2017年	9.21	＜	11.41	1.91	＜	2.23
2018年	11.91	＜	14.81	2.08	＜	2.35
2019年	11.65	＜	15.26	2.11	＜	2.45

資料來源：價值線

另外以台股為例，如表5-8所示，台積電與中華食的近五年獲利都是穩健成長，前者的每股自由現金流量小於每股盈餘，後者的每股自由現金流量大於每股盈餘。以巴菲特的觀點而言，中華食就像可口可樂一樣，不需要大量資本支出，公司就能增

加獲利，符合他的夢幻生意標準；而台積電是一門賺錢生意沒錯，但台積電每年都須花費龐大的資本支出，也許是巴菲特沒有投資台積電ADR的原因之一吧。

表5-8　台積電與中華食的每股盈餘與每股自由現金流量

	台積電			中華食		
	每股盈餘		每股FCF	每股盈餘		每股FCF
2015年	11.82	>	10.50	2.51	<	2.58
2016年	12.89	>	8.90	2.79	<	3.87
2017年	13.23	>	10.50	3.28	<	5.24
2018年	13.54	>	12.70	3.05	<	3.43
2019年	13.32	>	6.35	3.53	<	3.57

資料來源：台股價值站

投資人可用本益比來比較不同公司的獲利能力。同樣地，爲了比較不同公司賺取現金能力的差別，就須應用「股價與自由現金流量比」（P/FCF）這項評價指標。股價與自由現金流量比定義爲股價除以每股自由現金流量，可顯示爲下列等式：

$$\text{股價自由現金流量比 (P/FCF)} = \frac{\text{股價}}{\text{每股自由現金流量}} = \frac{\text{市值}}{\text{自由現金流量}}$$

評估兩家公司的相對價值時，如果「本益比」數值相同，「股價與自由現金流量比」數值較低的公司，表示其賺到現金的能力較強，是比較好的投資標的。

財報指標7：營運週轉天數

　　就像「翻桌率」是衡量餐廳生意好壞的重要指標，公司的營運週轉率主要看「存貨」和「應收帳款」兩個項目。如果這兩項週轉率愈來愈差，代表公司營運體質變差，獲利與股價就有下跌的壓力。營運週轉天數等於存貨週轉天數與應收帳款週轉天數相加。

　　所謂應收帳款週轉天數，是指公司將產品出售到真正收到現金所需的天數；而存貨週轉天數，就是公司未賣出的產品、半成品及原料在倉庫的天數。為了讓一般人容易理解，存貨與應收帳款的週轉率通常以「天數」的概念表示，兩者分別定義如下：

應收帳款週轉天數＝期末應收帳款／當年營業收入×360（天）
　　　　　　　　＝期末應收帳款／當季營業收入×90（天）

存貨週轉天數＝期末存貨金額／當年營業成本×360（天）
　　　　　　＝期末存貨金額／當季營業成本×90（天）

　　一般來說，應收帳款週轉率不應超過90天[8]，例如台積電為47天，鴻海為72天，裕隆為574天；而存貨週轉天數如果愈來愈高，也是生意變差的警訊。我們可以拿隱形眼鏡三雄的精華、金可-KY和晶碩做一比較，如表5-9所示。

表5-9　隱形眼鏡三雄的2019年營運週轉天數

	應收帳款 週轉天數	存貨 週轉天數	營運 週轉天數
晶碩（6491）	27天	106天	133天
精華（1565）	36天	100天	136天
金可-KY（8406）	176天	234天	410天

財報指標8：淨負債比愈少愈好

　　股東權益報酬率居高不下的公司有兩種商業模式，一種是能產生穩定自由現金流量的公司，其自有營運現金就能支應資本支出；另一種是應用財務槓桿、有淨負債的公司。如果兩家公司的股東權益報酬率相同，沒有淨負債的公司經營能力較強。

　　「淨負債」定義為公司的長短期金融負債減去現金部位，這裡的現金部位是指現金、約當現金與流動金融資產，可回頭參考第二章表2-3統一超的例子。一般而言，公司的自由現金流量如果為正，代表自有資金足以應付正常營運所需，通常都沒有淨負債。而「淨負債比」定義為淨負債除以股東權益，其公式如下所示：

$$淨負債比 = \frac{淨負債}{股東權益}$$

一般來說，投資最好盡量避開高負債的公司，因為如果公司的財務槓桿太高，遇到景氣衰退或利率上升時，公司經營就會倍感壓力。台股有近900家上市櫃公司沒有淨負債，而淨負債比超過100%的只有不到100家。簡單來說，淨負債比最好小於20%，如果一家公司的淨負債比大於100%，代表淨負債超過股東權益，也就是公司用來營運的資金，不到一半來自股東資本，超過一半靠借錢做生意。所以，當你看到一家公司的淨負債比超過100%時，建議直接放生，不要留戀。

雖然我們希望公司的淨負債愈少愈好，並不表示公司只用淨現金經營才是正確的商業模式。如果公司看到潛在的大好商機，但自有資金不足以應付擴充所需的資本，此時適度舉債，就對公司的內在價值有正面助益。

財務指標9：利息保障倍數

淨負債比與利息保障倍數都是在評估公司永續經營的能力，公司向銀行舉債的金額愈高，就需要支出愈多利息，也代表公司在營運上有較高的財務風險。利息保障倍數就是用來評估公司的償債能力，也就是公司獲利是否足以支付借錢的利息費用。

利息保障倍數定義為稅前息前淨利（EBIT）除以利息費用，可用下列算式表示：

$$利息保障倍數 = \frac{稅前息前淨利}{利息費用}$$

利息保障倍數愈高愈好，因為這代表公司支付借款利息的能力愈高。台積電在2019年的利息費用約33億元，稅前息前淨利3,931億元，利息保障倍數超過100倍，表示台積電的償債能力無庸置疑。截至2019年底為止，台股1,700多家上市櫃公司，有超過一半的利息保障倍數在10倍以上。

晶圓雙雄九大指標比一比

九大指標就是公司成績單的主要科目，可以快篩公司好壞。以台積電與聯電為例，如表5-10所示，首先台積電的長短期ROE都大於20％，而聯電的ROE只有3％。原則上，看完第一大指標ROE，就會把聯電剔除。還記得巴菲特的忠告嗎？用合理價買一流公司，勝過用便宜價買平庸公司。另外，台積電的20.6倍本益比不見得合理，聯電的16.6倍本益比也不算便宜。

就獲利能力而言，台積電的營收與EPS的十年複合成長率都在11％左右，顯示生意長期穩健成長，而且毛利率都維持在45％以上，更代表公司有持久競爭優勢與定價主導權。而看到聯電EPS十年成長率高達16.8％，第一眼會覺得比台積電還厲害，但進一步檢視EPS數字，才發現2009年EPS只有0.31元，是基期過低的假象；再參考歷年每股盈餘趨勢，高下立判。所

以，研究財報要有追根究柢的精神，才不會被單一數字誤導。

就評價指標而言，台積電除了本益比偏高之外，股價與自由現金流量比為43.7倍，大於本益比倍數，因為台積電的資本支出龐大，導致自由現金流量小於稅後淨利。

經營效率方面，台積電的應收帳款週轉天數只有47天，存貨週轉天數只有52天，營運週轉天數合計為99天，優於聯電的124天。

償債能力方面，台積電的利息保障倍數超過100倍，而且沒有淨負債，是非常穩健保守的經營方式；相對而言，聯電的利息保障倍數不到3倍，就會讓銀行與投資人有所疑慮。

表5-10 九大指標——以台積電與聯電為例

	九大財務指標	台積電	聯電
1-1	股東權益報酬率（近四季）	20.9%	3.0%
1-2	股東權益報酬率（近十年）	24.2%	3.5%
2	本益比（近四季）	20.6倍	16.6倍
3-1	每股盈餘成長率（近四季）	-1.6%	41.4%
3-2	每股盈餘成長率（近十年）	11.4%	16.8%
4	營收成長率（十年）	11.8%	4.4%
5	毛利率（2019年）	46%	14.4%
6	股價與自由現金流量比	43.7倍	3.9倍
7-1	應收帳款週轉天數	47天	62天
7-2	存貨週轉天數	52天	62天
8	利息保障倍數	＞100倍	2.9倍
9	淨負債	無	無

評價日期：2020/04/01

結語：搞懂財報，做足功課

　　搞懂財報不難，加減乘除而已，而且應用《台股價值站》，可以不用動手算，只要用心看，這樣你有沒有覺得投資變得更簡單？不過，你還是得做足功課，同樣的資訊在不同的人眼裡，可能有不一樣、甚至相反的解讀，都是各人的投資功力與經驗累積。

　　如同共同基金常見的警語「過去績效不代表未來表現」，一家公司未來能不能續創佳績，除了觀察財報數字之外，還必須結合公司的競爭優勢及未來展望，才能綜合判斷，這是股票投資最具挑戰性的工作之一。因此，下一章就進入一流投資架構的第三關：這家公司未來還是好公司嗎？

1 張忠謀心目中的好公司
- 穩健的自由現金流量
- 高品質的資產負債表
- 每股盈餘成長與成長潛力
- 結構性獲利能力與定價權
- 企業文化與企業價值觀

2 巴菲特心目中的好生意
- 夢幻生意：稅後淨利為正，且自由現金流量大於稅後淨利
- 賺錢生意：稅後淨利為正，但自由現金流量小於稅後淨利
- 燒錢生意：自由現金流量為負

3 巴菲特用ROE將公司分成四等
- 第一等：高ROE，可保留盈餘再投資
- 第二等：高ROE，高配息但無法再投資
- 第三等：高ROE，但不得不持續投資以維持競爭力
- 第四等：低ROE，還須增資以維持競爭力

4 好公司的九大指標
- 營收成長
- 每股盈餘成長
- 毛利率居高不下
- 股東權益報酬率居高不下
- 合理的本益比
- 合理的股價自由現金流量比
- 營運週轉天數愈小愈好
- 淨負債比愈少愈好
- 利息保障倍數愈大愈好

三分鐘掌握好公司的九大指標

　　想要研究任何一家公司，光是重要財務指標的蒐集、整理及計算，可能就要搞半天。接下來以《台股價值站》示範說明如何三分鐘掌握九大指標，簡單又實用。

九大指標，一目了然

　　打開《台股價值站》App，點選下方主頁籤「個股摘要」，會顯示如圖5-8；接著於搜尋列輸入台積電的股票代號「2330」，

圖5-8 「個股摘要」預設畫面	圖5-9 「個股摘要」台積電畫面

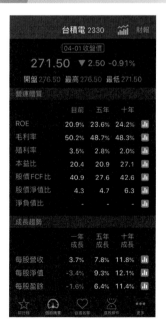

就會顯示台積電的個股摘要資訊，如圖5-9所示。

我們先花三十秒看一下台積電九大指標的男女主角：台積電目前的ROE為20.9%，而且五年和十年ROE都大於20%，目前本益比為20.4倍。

另外，點選「ROE」或「本益比」該列任一數值，會分別顯示如圖5-10和圖5-11的十年趨勢折線圖。由圖5-10看出台積電連續五年ROE下滑，讓人擔心，圖5-11則顯示近三年的每股盈餘幾近持平。股價等於每股盈餘與本益比相乘，所以這兩年台積電的股價上漲，本益比的評價倍數拉高是主因之一。

圖5-10 台積電的ROE十年趨勢

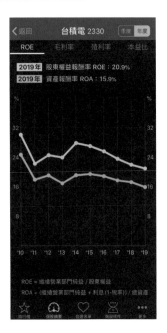

圖5-11 台積電的每股盈餘和本益比

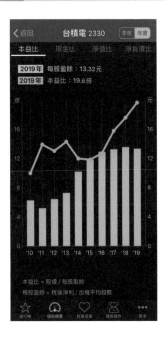

在圖5-9「個股摘要」同一畫面，可觀察另外五大指標：毛利率、股價與自由現金流量比（P/FCF）、淨負債比、營收成長和每股盈餘成長。

在圖5-9「個股摘要」頁面，「營運體質」第二列的「毛利率」顯示，目前（2019年第四季）毛利率已上升至50.2%，高於五年平均的48.7%和十年平均的48.3%。點選該列任一數值，顯示圖5-12的毛利率十年趨勢圖，發現近兩年毛利率下降，不是好現象；點選「季度」轉換成季度毛利率趨勢圖，如圖5-13，就令人眼睛一亮──毛利率連續三季上升，應該是7奈

圖5-12 台積電的年度毛利率	圖5-13 台積電的季度毛利率

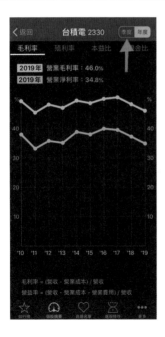 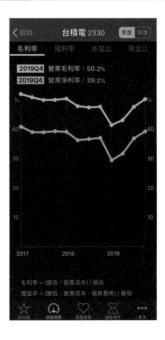

米先進製程產品發威的結果，也是激勵台積電2019年下半年股價大漲四成的主因之一。

圖5-9「個股摘要」頁面，「營運體質」第五列的「股價FCF比」顯示的數值均大於「本益比」，表示台積電因為資本支出大，導致自由現金流量小於稅後淨利。

圖5-9「個股摘要」頁面，「營運體質」第七列的「淨負債比」顯示「-」，表示台積電是用淨現金穩健經營，長期獲利成長都是靠內部自有資金。

圖5-9「個股摘要」頁面，從下方「成長趨勢」第一列的「每

圖5-14	台積電的年度淨利成長

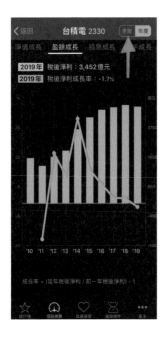

圖5-15	台積電的季度淨利成長

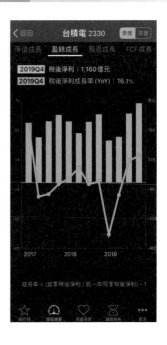

股營收」可看出，十年營收複合成長率11.8%，但2019年的營收成長率趨緩，只有個位數成長（3.7%）。

圖5-9「個股摘要」頁面，「成長趨勢」第三列的「每股盈餘」顯示最近一年衰退1.6%。點選該列任一數值，會出現圖5-14的稅後淨利成長趨勢；點選上方「季度」鍵，可進一步檢視季度成長趨勢，如圖5-15所示——台積電2019年第二季衰退幅度已有所改善，並從第三季恢復正成長，也讓投資人重拾信心。

在圖5-9的畫面中，另外點選「個股摘要」右上方的淺藍色「財報」鍵，會出現圖5-16的年報資料畫面；再點選「季報」

圖5-16 台積電的年度資料

年度	ROE	每股淨值	每股盈餘	現金股利
2010	30.1%	22.2	6.24	3.00
2011	22.2%	24.3	5.18	3.00
2012	24.6%	27.9	6.42	3.00
2013	23.9%	32.7	7.26	3.00
2014	27.8%	40.3	10.18	4.50
2015	27.0%	47.1	11.82	6.00
2016	25.6%	53.6	12.89	7.00
2017	23.6%	58.7	13.23	8.00
2018	21.9%	64.7	13.54	8.00
2019	20.9%	62.5	13.32	9.50

圖5-17 台積電的季度資料

季度	ROE	每股盈餘	稅後淨利率	營益率
2017Q3	6.5%	3.47	35.7%	38.9%
2017Q4	6.7%	3.83	35.8%	39.2%
2018Q1	5.7%	3.46	36.2%	39.0%
2018Q2	4.7%	2.79	31.0%	36.2%
2018Q3	5.8%	3.44	34.2%	36.6%
2018Q4	6.1%	3.86	34.5%	37.0%
2019Q1	3.6%	2.37	28.1%	29.4%
2019Q2	4.0%	2.57	27.7%	31.7%
2019Q3	6.4%	3.90	34.5%	36.8%
2019Q4	7.2%	4.47	36.6%	39.2%

切換成季度資料，會顯示如圖5-17：用手指將螢幕畫面向左滑動，即會出現「應收帳」「存貨」及「利息保障倍數」三個欄位，如圖5-18所示。

　　投資人可參照上述台積電的個案解說，在找到任何一檔有興趣的個股時，都可先打開《台股價值站》App，花三十秒看一下ROE和本益比，或用三分鐘看完九大指標，然後再決定是否需要進一步深入研究季報或年報，讓你省時省力選好股，超方便！

圖5-18 台積電的季度資料：應收帳、存貨及利息保障倍數

季度	營收(億元)	營收年增率	EPS年增率	每股淨值	每股淨現金	應收帳(億元)	存貨(億元)	短債(億元)	長債(億元)	資本支出(億元)	利息保障倍數	董監持股	董監質押比
2017Q	2,339	15%	35%	56.1	16.4	1,090	504	996	1,342	1,025	>100	7.00%	
2017Q	2,139	-4%	-9%	51.7	16.4	1,103	610	1,346	993	1,052	>100	7.08%	
2017Q	2,521	-3%	-7%	55.2	11.4	1,187	739	1,135	918	617	>100	7.08%	
2017Q	2,776	6%	-1%	58.7	16.8	1,223	739	1,222	918	612	>100	7.08%	
2018Q	2,481	6%	2%	61.9	19.1	1,078	852	1,061	834	718	>100	7.08%	
2018Q	2,333	9%	9%	57.5	23.9	882	990	467	834	597	>100	6.59%	
2018Q	2,603	3%	-1%	60.8	16.9	1,295	1,053	1,089	569	699	>100	6.59%	
2018Q	2,898	4%	1%	64.7	19.8	1,292	1,032	1,236	569	1,141	>100	6.59%	
2019Q	2,187	-12%	-32%	67.2	23.1	1,067	1,087	1,247	353	759	>100	6.59%	
2019Q	2,410	3%	-8%	59.9	23.3	1,161	1,082	1,264	353	1,164	>100	6.59%	
2019Q	2,930	13%	14%	61.2	17.1	1,454	967	1,174	251	981	>100	6.59%	
2019Q	3,172	10%	16%	62.5	15.7	1,398	830	1,503	251	1,700	>100	6.59%	

❶ 張忠謀2011年演講〈企業的基本面〉：https://youtu.be/pddf5pporCs

❷ 張忠謀2011年演講〈企業的基本面〉

❸ 裕隆2019年第四季合併財報第52頁及第54頁的提列預期信用損失

❹ 燦星網2019年第四季合併財報第70頁「重大或有負債及未認列之和約承諾」

❺ 廣明2019年第四季合併財報第58頁「重大或有負債及未認列之和約承諾」

❻ 1986年巴菲特致波克夏公司股東信

❼ 2007年巴菲特致波克夏公司股東信

❽ 張明輝所著的《大會計師教你從財報數字看懂經營本質》

第六章

一流投資架構第三關：
這家公司未來
還是好公司嗎？

我們喜歡的一流公司，就像
一座堅固的城堡，不但有又
深又危險的護城河圍繞，還
有英勇騎士守衛，可以永
久阻擋進擊的敵人。城堡的
主人製造黃金，而且值得信
賴，不會全部據為己有。
——華倫・巴菲特

一流投資
架構

（高中程度）　第**3**關

闖關問題：

這家公司未來
還是好公司嗎？

通關提示：

護城河

巴菲特投資操盤數十年後發現：「把時間精力花在到處找便宜價的平庸公司，遠不如專注投資合理價的一流公司。」並再度重申：「評估公司績效應該看股東權益報酬率，而不應過度關注每股盈餘。」❶

圖6-1 　一流投資架構第三關

投資如何低風險高報酬？

第一關	我了解這家公司嗎？	（能力圈）
第二關	這家公司是好公司嗎？	（九大指標）
第三關	這家公司未來還是好公司嗎？	（護城河）
	未來ROE居高不下的好公司	（一流公司）
第四關	這家公司大概價值多少？	
第五關	現在下手投資風險高嗎？	
第六關	如何掌握買進賣出時機？	

投資發揮複利雪球威力

公司賺錢只是巴菲特看得上眼的基本要求，他的最愛還是未來股東權益報酬率居高不下的一流公司，獨占或寡占市場的公司更是他的首選標的，例如蘋果和可口可樂。

而獲利成長與市場領先的主要關鍵因素，就是公司必須具備結構性的競爭優勢，讓競爭者看得到卻學不來，也就是巴菲特首創的「護城河」投資觀點。所以，經由一流投資架構的前兩關找出自己了解的好公司之後，還必須通過第三關的護城河考驗，才能從好公司之中，再挑出真正的一流公司，如圖6-1所示。

一流公司：未來ROE居高不下的好公司

巴菲特心目中的一流公司，簡單來說就是一般投資人所謂的**績優成長股**。績優股不見得有成長性，例如中華電每年都穩穩賺4塊多，是好公司，但成長有限；而成長股可能暴起暴落，例如國巨因被動元件大缺貨，每股盈餘由2017年的13.05元大增至2018年的80.3元，2019年每股盈餘又回跌到15元。

所以，透過一流投資架構前三關找出的投資標的，是有成長性的績優股，例如寶雅只要ROE維持居高不下，每股盈餘就可以穩定成長。

如何找出真正的一流公司？首先要為「一流公司」下個操作型定義。因為每股盈餘成長不易界定，究竟成長率要5％、10％，還是20％？而且，一流公司是績優成長股，不能只看獲

利成長性，還要看經營效率，看是否善用股東資本賺錢。

巴菲特強調：「我們要找的好公司，是評估其未來股東權益報酬率能否居高不下，因此我們非常重視公司是否具備持久的競爭優勢。」❷ 所以我將一流公司定義為「未來ROE居高不下的好公司」，兼顧獲利成長與經營績效。這個操作型定義有三個重點，一是要展望「未來」，而不只是回顧歷史；二是要「居高不下」，公司的未來ROE最好達到15%以上；三是通過一流投資架構前三關的「好公司」，過去好、現在好，未來會更好。

讀者可回頭參考第二章「第一好：股東權益報酬率要居高不下」的相關內容，與圖2-1的台股舉例說明，以確實體會「未來ROE居高不下」的微言大義。發掘一流公司必須掌握公司的未來展望和不確定性，護城河愈寬廣，公司的未來ROE愈能維持不變，獲利就能穩定成長。生意愈簡單易懂，投資人預估公司獲利的不確定性就愈小，更有利於判斷公司的內在價值。

護城河：長期投資的充分條件

好公司有寬廣的護城河，就是具備持久競爭優勢的象徵，不會輕易被競爭者擊潰。護城河的概念可以讓你避開許多經不起時間考驗的短線熱門股，所以投資人要找好公司，最好是找獨占或寡占市場的一流公司，而且未來還能持續領先，讓競爭者永遠看不到車尾燈，才是上上之選，畢竟擁有持久競爭優勢的

一流公司並不多見。例如台積電是晶圓代工龍頭且全球市占率超過50％，寶雅是國內美妝通路霸主，全台市占率超過90％。

巴菲特是做長期投資的，所以才特別重視公司獲利是否有護城河保護，並認為護城河是一流公司的首要標準。所謂長期是至少五到十年，因此他曾說：「如果你不想長抱一檔股票十年之久，就連十分鐘都不要持有。」另外也提到：「我們在買進一檔股票之前，會考慮是否能合理評估這家公司的未來五年獲利。」❸

長期投資至少會遇到一次或多次的空頭市場洗禮，所以成功投資是指即使經歷空頭也能獲利。例如巴菲特長抱可口可樂四十年，中間經歷2003年SARS及2008年金融海嘯，仍然可以獲利數十倍之多。所以有寬廣護城河的一流公司，可以無懼空頭打擊，讓投資人安心持股，就能長期獲利。

巴菲特強調：「成功投資的關鍵，不是公司對社會的影響力，也不在於公司的成長潛力，而是要評估公司是否具備持久的競爭優勢、是否擁有對手難以逾越的寬廣護城河，這種公司才能提供股東真正的投資報酬。」❹

他並明確指出護城河是一流公司的關鍵：「我們以護城河能否每年不斷加寬，讓敵人難以越雷池一步，作為判斷一流公司的主要標準，而非要求公司獲利每年成長，因為景氣有好有壞。只要經濟護城河能夠愈來愈寬，這家公司就會經營得愈來愈好。」❺

巴菲特在2007年致波克夏股東信中重申：「我們想要的公司

有四個條件：①自己看得懂，②公司前景佳，③經營者能幹且值得信賴，④合理的價格。」並接著點出：「真正一本萬利的好生意，必須擁有一個『持久的護城河』，以保護居高不下的投資報酬率。資本主義的殘酷現實就是，競爭者會一而再、再而三地攻擊有高報酬的事業城堡，因此一個固若金湯的寬廣護城河，是成功事業可長可久的重要關鍵，例如低成本經營的蓋可保險和好市多，或建立全球品牌的可口可樂與美國運通。而以史為鑑，企業護城河消失的例子多到不勝枚舉。」

他並強調上述的「持久」是指排除日新月異的產業，因為如果需要不斷重建護城河，通常代表沒有真正的護城河。因此，巴菲特對經常發生破壞式創新的產業，向來敬而遠之。

所謂經濟護城河，也代表某種程度的市場壟斷能力，可以抵禦競爭者搶奪公司的超額利潤。生意愈賺錢，就會有愈多人想分一杯羹，必定會吸引各路人馬爭奪市場大餅，因而侵蝕公司的獲利能力；而擁有護城河的一流公司，才能將競爭對手隔絕在安全距離之外，以持續獲取豐厚利潤，長期而言，股東的獲利就能與公司一起成長，自然會有亮麗表現。

如圖6-1所示，確認一家公司在自己的能力圈內，而且其財報成績單檢視合格，接著就是分析這家公司的未來展望，看看是否有持久的競爭優勢、是否有寬廣的經濟護城河，才能達成一流投資架構的上半場任務：找出「未來ROE居高不下的好公司」。如果你發現一家公司即使調漲價格，客戶也不會跑掉，代表這家公司有定價權，就是擁有護城河的主要特徵。

護城河的概念可以區分一流公司與曇花一現的公司。一流公司的未來獲利穩定成長，不確定性小，有機會讓投資人獲利豐碩上天堂；曇花一現的公司，好景不常，未來獲利可能大幅滑落，甚至虧損，經常害投資人住套房。

從A到A+，在好公司之中挑出一流公司

投資人要如何發掘自己的潛力股？外資與投信通常是估算公司今明兩年的獲利模型，巴菲特則是評估投資標的五到十年的獲利前景。我們可由第四章蒐集整理的相關資料，來解析公司的六大策略構面——①產品發展，②目標市場，③垂直整合，④相對規模，⑤地理涵蓋，⑥競爭武器——以綜合評估公司的未來展望與風險。下面以三家上市櫃公司舉例說明。

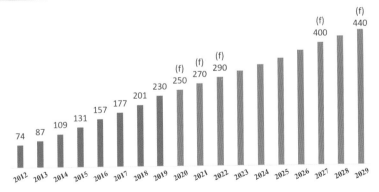

圖6-2　寶雅生活館的十年展店計畫

資料來源：寶雅2020年第一季法說會簡報檔

首先以美妝通路寶雅（5904）為例。產品策略方面，可觀察現有產品線能否讓未來幾年營收大幅成長。如圖6-2所示，寶雅生活館在2019年底已在全台開設230多家門市，而寶雅在2020年法說會提出的十年計畫，預計至2029年展店440家。就算其同店營收維持不變，其展店計畫就足以讓公司營收十年倍增。

　　目標市場的區隔與選擇方面，公司是否計畫開發新產品或新市場，以進一步提升未來業績？如果現有產品在未來幾年雖可持續成長，卻無任何新產品開發計畫，公司的長期發展就難免會有局限，這種投資標的或許可帶給股東穩定的報酬，卻無法提供長期倍增的獲利潛力。寶雅除了以女性顧客為主的寶雅生活館持續展店之外，另外創立瞄準男性顧客的新品牌「寶家」，以銷售五金用品為主，2019年已成立5家門市，預計至2025年可展店220家，提供另一個新市場的成長動能，如圖6-3所示。

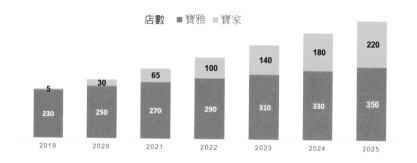

圖6-3　寶家的六年展店計畫

店數　■寶雅　■寶家

資料來源：寶雅2020年第一季法說會簡報檔

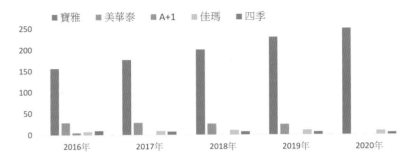

圖6-4　寶雅在美妝通路的市占率超過九成

	2016年	2017年	2018年	2019年	2020年
寶雅	157	177	201	230	250
美華泰	29	29	26	25	0
A+1	5	0	0	0	0
佳瑪	8	9	11	11	10
四季	10	8	8	7	6

資料來源：寶雅近五年法說會簡報檔

　　在垂直整合程度方面，寶雅專注於門市通路，且自營物流中心，僅車隊外包。桃園物流中心與高雄物流中心可各自支援200多家門市，代表十年展店400多家店的配送能力已準備就緒。

　　在相對規模與規模經濟方面，既然美妝門市通路這麼有潛力又賺錢，難道寶雅的競爭者不會設法爭食這塊大餅？實際上恰好相反。如圖6-4所示，因為同業跟寶雅的規模相差懸殊，第二大的美華泰已於2020年4月完全退出市場，讓寶雅的展店計畫更無懸念。

　　在地理涵蓋範圍方面，如圖6-5所示，寶雅專注於本土市場，

資料來源：寶雅2020年第一季法說會簡報檔

依據其深耕全台通路數十年的數據分析，每四萬人口可開出一家店，理論上可展店575家，再保守打七折估計有效店數400家，加上百貨商場的店中店40家，所以對十年展店440家的目標應該有相當把握，才會公開發表十年計畫。

寶雅的生意簡單易懂，主要競爭武器包括規模經濟與門市經營Know-How，前者是寶雅生活館的持久競爭優勢，公司並借重後者創立寶家五金門市。

回顧寶雅的過去十年，不但營運翻倍，獲利成長更遠高於營收成長，每股盈餘從2010年的3.23元成長6倍，到2019年的19.31元。由於規模經濟的效益愈來愈大，股東權益報酬率更由

2010年的20％上升到近三年都在40％，居高不下，如圖6-6所示。

綜上所述，寶雅過往經營績效穩健且獲利持續成長，具備持久的競爭優勢和寬廣護城河，並且未來展望清晰可見，降低了投資人評估公司未來五年獲利的不確定性。

接著以宏達電（2498）為例。宏達電在2008年推出全球首款Android智慧型手機，持續多年在全球市場名列前茅，曾是一

圖6-6　寶雅的每股盈餘與股東權益報酬率

	2010年	2011年	2012年	2013年	2014年
每股盈餘	3.23元	3.72元	4.62元	5.97元	8.14元
ROE	20.1%	21.0%	24.8%	29.3%	34.9%
	2015年	2016年	2017年	2018年	2019年
每股盈餘	9.90元	12.01元	14.63元	17.50元	19.31元
ROE	37.1%	39.8%	42.2%	44.4%	44.6%

代股王，從2006年至2010年的五年平均ROE高達55％，2011年還突破70％。但在高階市場面對Apple與Samsung的壓制，中低階市場遭受中國手機品牌侵蝕，雙重夾擊下，加上公司策略進退失據，導致市占率節節敗退到1％以下，2013年出現上市以來首度虧損，2015年每股更大虧18.79元，如圖6-7所示。其股價也從天上掉落人間，由2011年的1150元慘跌到2018年不到50元。

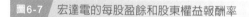

圖6-7 宏達電的每股盈餘和股東權益報酬率

	2008年	2009年	2010年	2011年	2012年
每股盈餘	37.97元	27.35元	46.18元	73.32元	20.21元
ROE	48.9%	35.8%	56.3%	70.4%	19.3%

	2013年	2014年	2015年	2016年	2017年
每股盈餘	-1.6元	1.8元	-18.79元	-12.81元	-20.58元
ROE	-1.7%	1.9%	-21.4%	-18.1%	-39.6%

最後再以網路家庭（8044）為例。網家集團曾是台灣的電子商務一哥，旗下包括PChome、商店街和露天拍賣等公司。如圖6-8所示，網家2010～2014年的五年平均ROE高達30％，但自從2015年10月蝦皮購物進軍台灣之後，網家的ROE從2015年的20％滑落到2016年的14％，2017年的ROE更由正轉負，2018年甚至大賠近10億元。網家股價也從2015年的500元，跌到2019年不到100元。

圖6-8　網家的每股盈餘和股東權益報酬率

	2010年	2011年	2012年	2013年	2014年
每股盈餘	6.13元	5.94元	4.81元	5.84元	7.32元
ROE	35.8%	30.6%	24.3%	27.4%	31.7%
	2015年	2016年	2017年	2018年	2019年
每股盈餘	7.46元	6.54元	0.31元	-8.49元	1.39元
ROE	20.3%	14.1%	-7%	-41.2%	3.9%

由以上三個案例可知，公司經營要維持長期獲利穩定成長是一件多麼不容易的事！公司如果缺乏持久的競爭優勢，導致沒有護城河或護城河太窄太淺，而無法保護自己的獲利堡壘，就只能坐視競爭者侵門踏戶，蠶食鯨吞市場大餅，甚至導致公司財務惡化，投資人不可不慎。記得要跟沒有護城河的公司保持社交距離，才能持盈保泰。

三個面向，檢視護城河的真假與寬窄

只要公司獲利穩定成長，股價自然會隨之走高。而公司的未來獲利要維持成長，就需要有持久的競爭優勢，將公司的護城河愈挖愈寬，來保護公司的未來ROE居高不下。我們可由三方面來探討公司護城河的真假與寬窄：

1. 公司的歷史獲利績效如何？
2. 公司的持久競爭優勢為何？
3. 公司的競爭優勢可以撐多久？

護城河要眼見為憑：Show me the money

公司好壞不是老闆說了算，投資不能空口說白話，最好讓數字說話。我們再複習一下第二章所提的巴菲特投資六要件：①獲利的大公司，②持續的獲利能力，③ROE高且負債低，④優

秀的經營團隊，⑤簡單的商業模式，⑥合理的報價。其中第一點就是「獲利的大公司」，巴菲特的大公司標準不是用市值、股本或營收，而是以公司的淨利為準。公司如果有穩定的歷史獲利，就是經濟護城河發揮作用的結果。巴菲特喜歡可以幫股東賺取超額報酬與產生源源不斷現金流的公司，所以第一步驟最簡單的做法，就是先檢視跟獲利能力有關的五大指標，如下所示。讀者可參照第五章表5-2及相關說明，這裡就不再贅述。

1.股東權益報酬率
2.營收成長率
3.每股盈餘成長率
4.毛利率
5.自由現金流量

　　公司的經營績效，除了查看最新財報數字是否亮眼之外，更重要的是檢視其獲利穩定性和趨勢性。長期獲利能力必須經過多年的考驗，其中最好包含像2008～2009年這種不景氣的時期，才能真正反映出公司是否有持久的競爭優勢。投資人最好能觀察公司的十年財報數據趨勢，才能分辨該公司是長期的績優成長股，還是一時的熱門明星股。

　　所謂鑑往知來，一家公司如果長期績效卓越，通常是經年累月的經營實力所展現。就像每次段考都是全校前三名的建中學生，考上台大是順理成章；但如果段考都是吊車尾，大學指考

變成大黑馬的機會可能微乎其微。

持久的競爭優勢：Show me your muscle

　　檢視公司的歷史紀錄及財報後，如果發現公司一直財源廣進，就要探究這門好生意是因為公司有什麼祕密競爭武器，也就是讓競爭者看得到卻吃不到的護城河是什麼。

　　巴菲特投資六要件第二點「持續的獲利能力」，就是要有證據顯示公司獲利可以持續下去，也就是要有持久的競爭優勢。公司如果有以下五種護城河的其中一項或多項，就表示具備一定程度的競爭優勢，可藉由品牌、專利、特許執照或轉換成本建立定價權，而低成本經營則可讓公司的獲利空間優於同業。

1.品牌價值
2.專利布局
3.特許執照
4.轉換成本
5.低成本經營

　　「品牌價值」指的是即使其他公司有同類型產品，消費者還是情願為該品牌付出更高的價格。長期而言，公司如果堅持提供一流的產品和服務，自然會一步一腳印地建立自家的品牌價值。品牌能為公司塑造獨特的市場地位，但知名品牌不見得就

一定能夠成為競爭優勢，關鍵在於公司是否有定價權、是否漲價後客戶也不會跑掉，否則這個品牌就沒有護城河的功效。例如蘋果iPhone和星巴克咖啡，產品價格就比同業高出一截，還門庭若市，顯見其顧客有很強的品牌忠誠度；相對而言，HTC手機與85℃咖啡就看不到明顯的品牌效益。

另外，品牌價值也可能會此消彼長。例如卡夫亨氏（美股代號：KHC）在2019年股價腰斬時，巴菲特就有感而發，卡夫亨氏這個百年品牌的價值已大不如前，因為其全球營收竟然小於好市多品牌Kirkland在自家賣場的銷售額；或是我在十年前購買電視時，願意為SONY這四個英文字母付出高價，但現在SONY與同業的品牌價值差異愈來愈小，雖然我最後還是再次選擇了SONY電視。

「專利布局」是公司長期累積的技術結晶，可建立特定期間的市場壟斷力量，最明顯的例子就是國際大藥廠的原廠藥。但專利是有期限的，例如發明專利是二十年。公司在專利有效期間內，可賺取超額利潤，讓競爭者無法越雷池一步；但專利一旦過期或失效，護城河就會消失，例如原廠藥的專利即將到期時，各種仿製的學名藥早已虎視眈眈，準備掠奪市場大餅。另一個例子是中國大陸手機品牌遲遲未大舉進軍美國市場，主因之一就是忌憚蘋果公司的專利布局。

「特許執照」是指政府核准才能做的生意，這種法令管制就是最佳保護傘，因為經營執照愈難申請，競爭者就愈不容易跨入這個市場，就像是政府給予的壟斷特權，例如電信業、

垃圾場或水泥場。重要關鍵是如果沒有價格管制，公司就可掌握強大的競爭優勢。例如大台北（9908）是經濟部能源局核准經營的台北市四家瓦斯公司之一，因屬於民生必需品的公共事業，其收費方式受嚴格管控，所以股東權益報酬率不到10%，如圖6-9所示；而日友（8341）為全台最大的醫療廢棄物處理廠，並跨入有害廢棄物處理市場，定價權較不受政府管制，所以相對而言，日友的獲利能力遠優於大台北就不足為奇了。其中日友的毛利率高達60%以上，股東權益報酬率超過30%，如圖6-10所示。所以，如果一家公司屬於特許行業，而且可以自行決定價格，就具備特許執照的護城河。

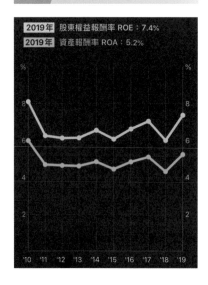

圖6-9 大台北的股東權益報酬率

2019年 股東權益報酬率 ROE：7.4%
2019年 資產報酬率 ROA：5.2%

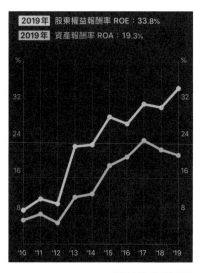

圖6-10 日友的股東權益報酬率

2019年 股東權益報酬率 ROE：33.8%
2019年 資產報酬率 ROA：19.3%

資料來源：台股價值站

「轉換成本」是指顧客如果改用競爭者的產品，所須付出的額外代價。因為這些額外的金錢成本、時間成本或不確定性因素，顧客可能就會覺得一動不如一靜而打消念頭，繼續使用原有的產品。例如銀行業的轉換成本就很高，因為不論是資料需要重新填寫，或是轉帳設定銜接無誤的未知成本，都導致客戶的高黏著性，這也代表客戶不易流失；反觀電信公司，自從2005年開放用戶可攜碼換到其他公司後，用戶的轉換成本就大幅降低。

另外，「網絡效應」是一種非常強大的轉換成本，指的是愈多人用愈好用，主要發生在軟體業或平台商業模式，而且市場通常是贏者全拿。例如Facebook和Line的網絡效應優勢就非常明顯。原本中華電信的網內互打免費方案，也打算利用網絡效應來拉攏用戶，但愈來愈多人用Line的文字訊息或語音連絡，導致中華電信的這個如意算盤起不了作用。

第五種護城河「低成本經營」，是指公司有獨門招式可以壓低成本。首先是低成本的生產流程，例如1998年蘋果從破產邊緣轉虧為盈，主要策略之一就是關閉自家所有工廠，專注於產品研發和市場行銷，並打造精實供應鏈，把主要供應商由100家縮減到30家以下。另外如表6-1所示，窗簾大廠億豐（8464）經營自有品牌之外，生產程序也是高度垂直整合，一手包辦九成的零件製造，連塑膠管和紙箱都不假手他人，也是支撐其近50%的毛利率的主因之一，相較於同業慶豐富（9935）的毛利率不到20%，高出許多。

表6-1 億豐與慶豐富的毛利率比較

	2015年	2016年	2017年	2018年	2019年
億豐	44.4%	48.5%	48.0%	45.2%	50.8%
慶豐富	16.4%	18.0%	20.3%	18.4%	18.8%

政策支持也可視爲一種低成本經營的特殊資源。例如面板產業投資金額巨大，不僅要比技術，還要比口袋深度，中國的京東方藉由政府的巨額補貼，造就其超台趕韓的地位，讓友達和群創大嘆這是一場不公平的競爭。

最爲人所知的低成本經營就是「規模經濟」，是指公司的營運規模遠大於同業，因此每單位分攤成本就能大幅降低。相較於生產流程與特殊資源，規模經濟是更持久的成本優勢。

例如寶雅由20家店擴展到2018年200多家店，同業美華泰、佳瑪和A+1加起來的店數45家，還不到寶雅的四分之一。寶雅這種規模優勢，就擺脫了同業的價格競爭威脅。另外，相對規模比絕對規模更重要。例如台積電的市值是寶雅的百倍以上，但面對規模相當的三星半導體緊追在後，產業競爭壓力就比寶雅大上許多。

綜合而論，只要具備品牌價值、專利布局、特許執照或轉換成本的其中之一，公司的定價策略就有相當大的主導權，代表客戶須支付較高的價錢來購買公司的產品或服務。最後一項的低成本經營，則可以讓公司即使與同業的售價相同，也能賺取更高的毛利。所以，具備經濟護城河的保護，通常都有令人稱

羨的高毛利率，也能爲公司帶來長期穩定的獲利。

精采故事可以持續多久：How long is the story

面對競爭激烈的產業環境，公司很難用一招半式一直賺大錢，也沒有任何競爭武器可以永遠打遍天下無敵手，而且往往戰勝同業，卻又輸給了時代。只要存在超額利潤，在市場的殘酷競爭下，公司的競爭優勢一定會不斷遭受挑戰，而造成護城河有變淺、甚至乾涸的一天。

例如曾被巴菲特讚譽爲美國最佳企業的奇異（美股代號：GE），市值曾爲全球之冠，是道瓊工業指數創始的12檔成分股之一，卻在2018年被道瓊工業指數剔除成分股，痛失一百二十多年代表美國三十大藍籌股的地位。

所以，投資人必須定期檢視持股公司的經營績效，確定好公司沒有變壞，金雞母能夠持續下金蛋，就可以安心長抱；如果公司業績每況愈下，就得當機立斷，不管是獲利或虧損。就像台灣50指數也會每季檢視成分股是否符合篩選標準，來決定維持不變或替換成分股。

結語：看書比看盤更重要

如果能夠通過一流投資架構的前三關考驗，你就可以得到三件寶物。

1. **能力圈是照妖鏡**：讓你辨別一家公司是天女下凡，還是白骨精。
2. **九大指標是透視鏡**：讓你看出公司賺錢是如假包換，還是國王的新衣。
3. **護城河是望遠鏡**：讓你合理評估公司的未來五年獲利。

而想要連過三關，看書比看盤更重要。看懂財報只是基本功，要成為真正的一流投資人，你更需要廣泛地大量閱讀，以充實產業知識。熟悉的企業愈多，你才能觸類旁通，培養獨到的洞察力，以建立自己對好公司的定見和遠見。

公司須擁有品牌價值、專利布局、特許執照、轉換成本、低成本經營這五種護城河其中一項或多項，才能讓競爭者看得到卻吃不到，生意繼續穩穩賺。設法找到有護城河的一流公司，並以低於內在價值的股價下手，只要買進幾檔績優成長股，隨著公司獲利成長，公司內在價值也會增加，投資人手中持股的市值自然會跟著上漲，這就是投資的本質：讓一流公司每天為你賺錢。下一章就接著說明如何評估一家公司的內在價值。

本章學習重點

---

1 公司的未來獲利成長需要靠護城河保護

2 公司的護城河就是持久的競爭優勢

3 通過一流投資架構前三關的公司就是一流公司

4 一流公司的定義：未來ROE居高不下的好公司

5 一流公司的外在表現：獨占或寡占的市場地位

6 三方面評估公司是否有經濟護城河
- 公司的歷史獲利績效如何？
- 公司的持久競爭優勢為何？
- 公司的競爭優勢可以撐多久？

7 經濟護城河的五個來源
- 品牌價值
- 專利布局
- 特許執照
- 轉換成本
- 低成本經營

一流公司的經濟護城河

我們以台積電（2330）和蘋果（美股代號：AAPL）舉例說明，檢視其是否有寬廣的護城河，也是其分別位居台股最高市值和美股最高市值的成功關鍵因素。

台積電秉持三位一體的競爭優勢 —— 專業技術、卓越製造和客戶信任 —— 持續領先同業，獲得全球半導體大廠的認同，陸續轉單台積電，取代自行建晶圓廠，也大幅降低IC設計者進入半導體業的門檻。

順應5G行動通訊、HPC高速運算、AI人工智慧和物聯網等應用的蓬勃發展，前三大客戶包括蘋果、海思和高通。台積電7奈米製程在2019年市占高達九成以上，囊括所有一線客戶；規畫於2020年量產的5奈米製程，在當年度也應該是獨占市場的局面。

台積電是全球晶圓代工龍頭，三星在2019年宣布2030年前將投資133兆韓元，強化晶圓代工競爭力，宣示將搶下全球晶圓代工市占第一，但目前無論製程良率或先進製程，仍屈居下風。全球第二大晶圓代工廠格羅方德2019年8月控告台積電侵害專利技術，但雙方快速於10月達成十年全球專利交互授權協議。

根據台積電的公司網站資訊，截至2019年第二季底，公司的全球專利總數累積超過36,000件，不但連續三年都是台灣專利申請數量第一名，並且連續三年進入全美前十大專利權人排行榜。❻

台積電的規模經濟優勢，也是聯電與格羅方德陸續退出先進製程軍備競賽的主因。由於晶圓製程需要投入龐大的固定成本，但設備至少需要七到十年的攤提折舊，對小廠而言，賺錢速度根本趕不及設備更新的壓力，所以技術領先和規模愈來愈大的台積電，其護城河就愈來愈深。

表6-2　台積電的護城河

	護城河寬窄	護城河說明
品牌價值	★★	產品良率、技術領先與信守承諾的金字招牌
專利布局	★★★	建構全球專利戰略版圖，蟬聯美國前十大專利權人
特許執照	無	
轉換成本	★★	晶圓代工從產品開發、投片到生產，是一種長期合作關係，客戶不會輕易更換合作廠商
低成本經營	★★	規模經濟讓公司享有高毛利，並讓多數同業在先進製程知難而退

滿分為5顆星，1顆星代表護城河很窄，5顆星代表護城河很寬

接下來看看蘋果。根據品牌顧問公司Interbrand公布的「2019全球最有價值百大品牌」，蘋果從2013年至今，連續七年蟬聯榜首。蘋果用戶的品牌忠誠度非常高，例如我這樣的果粉，購買手機只有兩種選擇：要買今年的iPhone新機，或等明年的下一代iPhone，他牌手機完全不列入考慮。巴菲特還觀察到，送禮只要送的是蘋果產品，對方一定會滿心歡喜，凸顯蘋果的品牌魅力無法擋。

蘋果的專利策略是超前布署，搶先同業找出最佳方案，提早

申請專利保護，導致競爭者只能尋求次佳的替代方案，讓消費者感受到蘋果的東西就是比較好用。例如人臉辨識或拇指滑動解鎖。

蘋果建立iOS專屬生態系，讓數億果粉每天都對iPhone愛不釋手，一旦用過蘋果的產品，移情別戀他牌產品的用戶少之又少，讓台積電創辦人張忠謀非常羨慕，且讚賞不已❼。近年隨著蘋果的服務事業持續擴張，不但有助於推升iPhone等硬體銷售，也提高用戶的轉換成本。

蘋果每年發表的新iPhone只有不到五款，相對同業的機海戰術，每隻手機分攤的單位成本就非常小，這也是蘋果的毛利率與營益率都能居高不下的主因之一。

蘋果主力產品iPhone的市占率不到20%，但囊括整體手機市場利潤的六成以上，就是其強大競爭優勢的展現，造就蘋果有如大型印鈔機的獲利實力。

蘋果將所有產品打造成一個完整的iOS生態系，客戶購買任一項產品，都會緊密地融入這個生態系之中，進而購買更多種蘋果產品，使得用戶的轉換成本愈來愈高，形成一種良性循環。

綜上所述，蘋果同時擁有一個非常有吸引力的全球品牌、堅強的專利布局和完整的專屬生態系，讓巴菲特對蘋果公司前景非常有信心，並在2020年2月讚譽蘋果做的是全世界最好的生意。❽

	護城河寬窄	護城河說明
表6-3		**蘋果的護城河**
品牌價值	★★★★★	連續七年蟬聯全球最有價值品牌第一名 智慧型手機的品牌忠誠度也是第一名
專利布局	★★★	搶先申請最佳解決方案的專利保護
特許執照	無	
轉換成本	★★★	完整的iOS生態系，提高用戶的轉換成本
低成本經營	★★	規模經濟

滿分為5顆星，1顆星代表護城河很窄，5顆星代表護城河很寬

❶ 資料來源：1979年巴菲特致波克夏股東信
❷ 資料來源：1995年巴菲特在波克夏股東大會的問答內容
❸ 資料來源：1996年巴菲特致波克夏股東信
❹ 資料來源：1999年巴菲特致波克夏股東信
❺ 資料來源：2000年巴菲特在波克夏股東大會的問答內容
❻ 資料來源：台積電官網＞企業社會責任＞焦點案例
❼ 張忠謀的專題演講〈公司的基本面〉：https://youtu.be/pddf5pporCs
❽ 2020/02/24 CNBC巴菲特專訪節錄：https://youtu.be/yaMPRttExX0

第七章
一流投資架構第四關：
這家公司
大概價值多少？

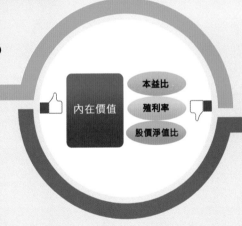

低本益比、低股價淨值比或
高殖利率，並不足以判斷公
司股票是否物超所值，內在
價值才是評估公司的投資價
值與相對吸引力唯一合理的
評價標準。
　　——華倫·巴菲特

一流投資架構	闖關問題：	通關提示：
（大學程度）第**4**關	這家公司 大概價值多少？	内在價值

通過一流投資架構的前三關考驗，找出未來ROE居高不下的一流公司之後，接下來就是第四關「如何評估一檔股票的價值」，也是最困難的魔王關，如圖7-1所示。建議你空出一個上午，心無旁鶩閱讀本章，比較有機會一次過關。

圖7-1　一流投資架構第四關

投資如何低風險高報酬？
▼
第一關	我了解這家公司嗎？

▼
第二關	這家公司是好公司嗎？

▼
第三關	這家公司未來還是好公司嗎？

▼
未來ROE居高不下的好公司　　（一流公司）
▼
第四關	這家公司大概價值多少？	（内在價值）

▼
第五關	現在下手投資風險高嗎？

▼
第六關	如何掌握買進賣出時機？

▼
投資發揮複利雪球威力

我們複習一下巴菲特投資法的十二字口訣：「找好公司，等好價位，大賺小賠。」投資人找到好公司之後，必須知道公司的合理估價是多少，才能進一步拿捏目前的股價是不是好價位。例如，你怎麼判斷3,000元的大立光是貴還是便宜？1,000元的國巨是便宜還是太貴？

投資要賺錢，就要低買高賣，但實際上做到的人卻很少。為什麼大多數人總是追高殺低，見到黑影就開槍？主要是沒有自己的買賣基準，很難不被市場的恐慌或貪婪情緒左右。這裡所謂的買賣基準，就是對這檔股票的估值。所以當你發現一檔潛力股時，除了研究公司的未來穩利是否可以長期穩定成長之外，不要忘了自問自答一個重要問題：這檔股票值多少錢？

公司的價值主要來自三方面：資產價值、獲利能力價值和成長潛力價值。本章先概述一般投資人常用的單因子評價法，例如股價淨值比、殖利率和本益比，接著再說明巴菲特最重視的評價方法：內在價值（Intrinsic Value），以用來評估個股是否物超所值，如圖7-2所示。

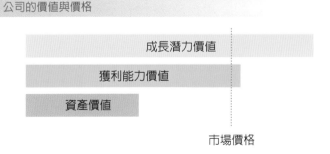

圖7-2　公司的價值與價格

成長潛力價值

獲利能力價值

資產價值

市場價格

單因子指標：投資人常用的評價方式

股價淨值比

　　資產為基礎的最常用評價方式是看公司的淨值，例如「股價淨值比」定義為公司市值除以淨值，也相當於股價除以每股淨值，其中淨值等於資產減負債。一般而言，股價淨值比愈高，股價愈可能高估；股價淨值比愈低，股價愈可能低估。這個評價方式的優點是不確定性較低，因為淨值可由資產負債表取得明確數字，完全不需要預測未來；缺點則是沒有考慮公司的獲利能力與成長潛力，適用於景氣循環股、資產股或沒有競爭優勢的個股。

　　資產為基礎的最保守評價方式是只看「淨流動資產」，也就是公司的流動資產減去負債，至於不動產、廠房設備及其他非流動資產都當作一文不值，也就是清算價值評價法（net-nets），俗稱撿菸蒂投資法。

　　葛拉漢認為買進公司市值不到淨流動資產三分之二的30檔股票，就是一組勝算很高的投資組合，巴菲特早期依據師父這套投資策略，也取得不錯的成績。這種股票在多頭行情相當罕見，而且大部分是陷入經營困境的公司，截至2020年3月底，台股有100多家上市櫃公司的市值低於清算價值，竟然連電子五哥之一的仁寶（2324）都榜上有名，如圖7-3所示。

圖7-3　仁寶的市值與清算價值（2020/03/23股價15.5元）

（單位：億元）

負債
$2,679

流動資產
$3,432

清算價值
$753

市值
$683

股東權益
$1,148

非流動資產
$395

資料來源：仁寶2019年第四季合併財報的資產負債表

現金殖利率

　　股票投資有兩種獲利方式，一種是賺取價差的資本利得，另一種是公司配發的股息收入。對投資人而言，股票投資的總獲利金額等於資本利得加上股息收入，所以如果每年可以從投資標的獲取穩定股息，甚至股息還會逐年提高，如此就算短期套牢，每年仍有現金入袋，較不會受到股價波動的影響。

　　「殖利率」定義為每股現金股息除以目前股價。根據2020年4月的統計資料，台股平均殖利率有4％，而近一年殖利率超過5％、且連續十年發放現金股息的上市櫃公司，有超過300家之多，遠高於目前1％的定存利息。

　　現金股息能夠每年增加的公司，通常獲利與現金流量也能持續成長。但公司配息穩比配息高更重要，投資人不能只看殖利

率高低，更要關注公司配息的資金來源是來自持續性的本業獲利，還是一次性的業外收益，有些公司甚至會打腫臉充胖子，向銀行借錢來發現金股息。對公司而言，能創造源源不絕的自由現金流量，才能每年配息給股東；好公司獲利若能穩定成長，現金股息通常也會隨之增加。投資前最好先確認公司是否有本錢持續配息，以免賺了股息卻賠了本金。

因此，股票投資不能只著眼於股息收入，例如有些績優成長股的殖利率相對偏低，因為公司的保留盈餘可以創造更高的價值，可帶給投資人更大的資本利得。比方說波克夏公司、亞馬遜和Netflix從未發放股利，台股的大立光（3008）殖利率不到2%，但股價十年漲了10倍。

本益比

「本益比」定義為股價除以每股盈餘，實務上可以先檢視近四季本益比，再預估今年本益比。

近四季本益比等於目前股價除以近四季每股盈餘，不論任何人得到的都是相同的數字：如果流通在外股數變動不大，近四季EPS可直接用最近四季的每一季EPS相加。例如台積電2019年第二季到2020年第一季的每股盈餘分別為2.57元、3.9元、4.47元及4.51元，所以近四季EPS為15.45元（＝2.57＋3.9＋4.47＋4.51）；如果台積電股價300元，近四季本益比為19.4倍（＝300／15.45）。

預估本益比可以參考歷史平均本益比,並須考慮公司的獲利成長性與不確定性。本益比與成長率的關係可參考第二章的表2-6,通常公司的長期獲利成長預期愈高,投資人願意接受的本益比倍數愈大。而不確定性可能跟客戶集中度、公司規模、財務槓桿、生意複雜程度與產業結構等都有關係。例如兩家公司,甲公司是經營自有品牌且沒有任何一個客戶占營收超過1%,乙公司是代工廠且最大客戶就占營收一半以上,如果兩家公司的獲利能力與成長潛力一樣,投資人可能只願意給乙公司較低的本益比,因為乙公司的經營不確定性較高。

本益比只能提供相對價值而非絕對價值。一般認為本益比在10倍以下是便宜價,在20倍以上算昂貴價,但本益比在10~20倍之間時,投資人很難判斷是貴還是便宜。另一種方式是將目前本益比跟歷史本益比或同業本益比做比較。例如台積電2019年每股盈餘13.32元,股價300元時的本益比超過20倍,很多人都買不下手;但鴻海2019年每股盈餘8.32元,股價80元的本益比不到10倍,投資人也不敢貿然買進,可能是顧慮到公司的未來成長性與代工生意的不確定性。

綜上所述,如表7-1所示,不論是股價淨值比、殖利率或本益比,多是比較個股之間的相對價值,沒有論及公司的真實價值;再來,由於投資獲利來自資本利得與股息收入的加總,單一指標容易以偏概全;最後,上述指標以衡量公司的短期績效為主,與長期投資的目標不見得一致。

本章接下來主要說明巴菲特投資最常用的內在價值評價法。當然，每種評價方式各有利弊，但可以相輔相成，建議讀者交叉比對參考。

表7-1 各種評價方式的優缺點

	價值來源	報酬來源	衡量期間	評價基準	應用難易度
股價淨值比	資產	資本利得	一季	相對價值	低
殖利率	獲利能力	股息收入	一年	相對價值	低
本益比	獲利能力	資本利得	一年	相對價值	中
內在價值	獲利能力+成長潛力	資本利得+股息收入	五年	絕對價值	高

內在價值：巴菲特唯一掛保證的評價方法

巴菲特認為：「低股價淨值比、低本益比或高殖利率這些指標，並不足以判斷股票是否物超所值；反之，高股價淨值比、高本益比或低殖利率的股票，並不見得一定不划算。」❶

「內在價值」是巴菲特最重視的評價方法，他並在《波克夏業主手冊》裡特別強調：「如何評估一門生意或投資機會是否有相對吸引力？內在價值是最重要的概念，也是唯一合理的評估標準。內在價值簡單來說，就是投資標的未來現金流的淨現值。」❷ 所以，巴菲特認為是否要買進一檔股票，應該以這家公司的內在價值為基準，不論本益比或股價淨值比高低與否。

實務操作上，巴菲特專注發掘未來ROE居高不下的一流公司，而且投資前都會先思考能否合理評估這家公司的未來五年獲利❸。為什麼要考慮五年以上的長期投資？因為市場有時候需要三到五年，股價才會反映公司的內在價值。

如表7-2所示，假設在2020年初，我們評估一檔股票（A公司）未來五年的每股盈餘分別是4、6、8、10、12元，每年配息分別是2、3、4、5、6元，而且預期本益比為15倍，也就是第五年可用180元（＝12×15）賣出，加上這五年的現金股息20元（＝2＋3＋4＋5＋6），代表五年後合計可得200元。如果2020年初買進的股價是80元，2024年底賣出的總報酬率就是150％（＝200／80－1），平均年化報酬率約為20％。

一般投資人要預估一家公司的未來五年每股盈餘談何容易，該如何提高命中率與降低不確定性？原則上就是「大膽假設，小心求證」，而且能通過一流投資架構前三關的考驗，你的預估值才不會太離譜，有時候越級闖關不見得是好事。

表7-2　A公司未來五年的每股盈餘與現金股息

	每股盈餘	每股配息
2020年	4	2
2021年	6	3
2022年	8	4
2023年	10	5
2024年	12	6

- **第一關是國小程度**：了解公司是否簡單易懂且在自己的能力圈內。
- **第二關是國中程度**：研究公司經營績效和獲利能力的穩定度及持久性。
- **第三關是高中程度**：分析公司是否有持久的競爭優勢與寬廣的護城河。
- **第四關是大學程度**：預估公司的未來獲利與合理內在價值。

這裡提供一個通關捷徑，就像IKEA賣場的捷徑門，可直接走到另一區——如果你覺得預估公司未來獲利還可以盡力而為，但以下的「股息折現模型」就讓你一個頭兩個大，一時難以消化，可以直接跳到本章最後的個案研究，先試試如何操作，有時間再往下看，進一步了解「內在價值」的理論依據。

「內在價值」等於公司未來所產生現金流量的淨現值，以投資人的角色而言，股票的內在價值就等於股東未來所得到現金流的淨現值。

因此，巴菲特是以「股息折現模型」（Dividend Discount Model，簡稱DDM）來估算內在價值❹，也就是將公司未來五年所發放的現金股利的現值，加上最後一年預期股價的現值，就等於公司股票的內在價值。股息折現模型的公式如下：

$$\text{內在價值} = \frac{\text{第一年配息}}{1+\text{折現率}} + \frac{\text{第二年配息}}{(1+\text{折現率})^2} + \cdots + \frac{\text{第五年配息}}{(1+\text{折現率})^5}$$

$$+ \frac{\text{第五年每股盈餘} \times \text{預估本益比}}{(1+\text{折現率})^5}$$

投資人評估公司的內在價值，要先預估五年的每股盈餘，接著面臨的挑戰是：「折現率」要用多少？

折現率簡單來說，就是「兩鳥在林不如一鳥在手」的概念，因為金錢具有時間價值，也是一種機會成本，現在你手上的100元和明年可能到手的100元，兩者的價值並不相同。因此，折現率就是按複利計息原理，把未來的預期收益折算成現值的比率。

例如銀行如果提供10%的定存利率，你用100元作一年期定存，一年後到期可拿回110元；如果作兩年期複利定存，到期可拿回121元。在這種情況下，一年後的110元與兩年後的121元，就相當於現在的100元價值。我們可用下列兩個等式表示，其中分母的10%就可視為折現率：

$100 = 110 / (1+10\%)$

$100 = 121 / (1+10\%)^2$

巴菲特通常是用十年期美國公債殖利率作為折現率，但如果公債利率低於10%，就用10%代替❺。如第一章表1-2所示，

標普500的長期年化報酬率大約10％，也算是投資人的機會成本，所以折現率也可視為投資人要求報酬率的底線。

股票的內在價值，應視為一個假設的數值區間，而非單一的精確數字。因為對未來的預期一定有不確定性，也會因公司獲利展望而改變，在估算一家公司的價值時，只要八九不離十就可以。就像經濟學家凱因斯所說的：「寧願大致的正確，也不要精確的錯誤。」

巴菲特也坦承，他和查理・蒙格都無法對波克夏公司的內在價值提供一個精確數字，而且兩人的估計值也會略有差異❻。投資人只需要判斷股價是否明顯低於合理價值，而不是成為專業的精算師。如果估算一檔股票的內在價值大約在60～100元之間，當股價在70元時，你可以按兵不動；一旦股價跌到50元之下，你就要眼明手快大膽買進。例如2020年3月股市大跌，就有許多好股票跳樓大拍賣，你不用精打細算就能看出物美價廉。

上述的股息折現模型需要預估投資標的未來五年獲利，所以較適用於通過一流投資架構前三關考驗的一流公司。我們同樣以A公司為例來說明，並假設預期本益比為13倍，如表7-3所示，A公司的內在價值計算如下：

表7-3	A公司的每股配息現值與期末股價現值（預期本益比＝13倍）			
	每股盈餘	每股配息	每股配息現值	期末股價現值
2020年	4	2	1.82	
2021年	6	3	2.48	
2022年	8	4	3.01	
2023年	10	5	3.42	
2024年	12	6	3.73	96.86

第一年配息的現值＝2 / (1＋10%)＝1.82

第二年配息的現值＝3 / $(1＋10\%)^2$＝2.48

第三年配息的現值＝4 / $(1＋10\%)^3$＝3.01

第四年配息的現值＝5 / $(1＋10\%)^4$＝3.42

第五年配息的現值＝6 / $(1＋10\%)^5$＝3.73

第五年預期股價的現值＝(12×13) / $(1＋10\%)^5$＝96.86

A公司股票在2020年初的內在價值

＝五年配息現值＋期末股價現值

$$＝\frac{2}{1＋10\%}＋\frac{3}{(1＋10\%)^2}＋\frac{4}{(1＋10\%)^3}＋\frac{5}{(1＋10\%)^4}＋\frac{6}{(1＋10\%)^5}$$

$$＋\frac{12×13}{(1＋10\%)^5}$$

＝1.82＋2.48＋3.01＋3.42＋3.73＋96.86

＝111

不要因上述算式而卻步，用Excel很容易算出這些數字。或者，你可以直接參考本章最後的個案研究，該單元示範一種更簡單的方法，教你如何應用《台股價值站》，只須輸入評價參數，不用自己動手計算，App就能自動顯示由你自行估算的內在價值。

敏感性分析：內在價值不是一個精確數字

基本上，公司的內在價值應視為一個區間，而非一個精確的數字，因為股息折現模型產生的現值因人而異，會受到每股盈餘、本益比與折現率的個人預估值影響。例如A公司的預期本益比若保守估計為10倍，內在價值為89元；如果認為2024年的本益比可到15倍，內在價值為126元。計算如下：

■ 保守情境：預期本益比為10倍
A公司股票在2020年初的內在價值
＝五年配息現值＋期末股價現值

$$= \frac{2}{1+10\%} + \frac{3}{(1+10\%)^2} + \frac{4}{(1+10\%)^3} + \frac{5}{(1+10\%)^4} + \frac{6}{(1+10\%)^5}$$

$$+ \frac{12 \times 10}{(1+10\%)^5}$$

$$= 1.82 + 2.48 + 3.01 + 3.42 + 3.73 + 74.53$$

$$= 89$$

■ 樂觀情境：預期本益比為15倍

A公司股票在2020年初的內在價值

＝五年配息現值＋期末股價現值

$$= \frac{2}{1+10\%} + \frac{3}{(1+10\%)^2} + \frac{4}{(1+10\%)^3} + \frac{5}{(1+10\%)^4} + \frac{6}{(1+10\%)^5}$$

$$+ \frac{12 \times 15}{(1+10\%)^5}$$

$$= 1.82 + 2.48 + 3.01 + 3.42 + 3.73 + 111.8$$

$$= 126$$

因此，如圖7-4所示，對於A公司的內在價值，我們可得出合理區間為89元至126元。

圖7-4　A公司的內在價值估計區間

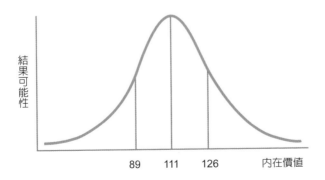

結果可能性

89　　111　　126　　內在價值

同樣以A公司為例，2020年初的內在價值為111元，如果過了一年，在2021年對2021～2024年的EPS預期不變，並新增2025年的預期EPS為14元，則A公司股票在2021年初的內在價值計算如下──內在價值由2020年的111元，增加到2021年的131.28元。所以，公司每年獲利成長，內在價值就會隨之增加。

A公司股票在2021年初的內在價值
＝五年配息現值＋期末股價現值
＝2.72＋3.31＋3.76＋4.1＋4.35＋113.04
＝131.28

表7-4　A公司的每股配息現值與期末股價現值（預期本益比＝13倍）

	每股盈餘	每股配息	每股配息現值	期末股價現值
2021年	6	3	2.72	
2022年	8	4	3.31	
2023年	10	5	3.76	
2024年	12	6	4.10	
2025年	14	7	4.35	113.04

應用股息折現模型，估算台積電的內在價值

接下來我們就以2015年的台積電為例，說明如何以股息折現模型套用台股資料，來實際估算上市櫃公司的內在價值。

首先預估2015～2019年的預期每股盈餘（EPS）和每股股息，以及2019年的預期本益比，再用適當的折現率計算現值，就能得到台積電在2015年初的內在價值。

表7-5　台積電的十年財報數據（2005～2014年）

年度	ROE	每股淨值	每股盈餘	每股股息	配息率	本益比
2005年	22.2%	18.1	3.48	2.5	66.0%	16.0
2006年	26.3%	19.7	4.72	3.0	60.9%	12.5
2007年	22.0%	19.0	4.06	3.0	72.5%	15.7
2008年	20.7%	18.6	3.86	3.0	77.7%	14.7
2009年	18.3%	19.1	3.45	3.0	87.0%	16.0
2010年	30.1%	22.2	6.24	3.0	48.1%	10.0
2011年	22.2%	24.3	5.18	3.0	57.9%	13.9
2012年	24.6%	27.9	6.42	3.0	46.7%	13.0
2013年	23.9%	32.7	7.26	3.0	41.3%	14.3
2014年	27.8%	40.3	10.18	4.5	44.2%	12.0

資料來源：台積電官網＞投資人關係＞公司年報❼

步驟1：蒐集近十年財報數據

可參考第四章的圖4-2或圖4-8，從公開資訊觀測站或台積電官網，蒐集整理台積電的十年財報數據，如表7-5所示。

　　「預期配息率」可參考歷史平均值或公司最近的股利政策。台積電配息率的十年平均值與五年平均值分別為60.2%與47.6%，我們假設台積電未來五年的預期配息率為60%。

　　「預期EPS」在估算時，除了來自歷史財報數字的推論，也應根據自己對公司未來展望與競爭優勢的了解，適度調整。你可以先大膽假設未來五年的EPS數值，之後再小心求證修正，以免預期EPS不切實際。例如參考法人研究報告和公司說法，你認為台積電的每股盈餘有每年增加2元的實力，可先假設2015～2019年的每股盈餘分別為12、14、16、18、20元，再進一步參考歷史財報的「EPS成長率」或「平均ROE」，來推算未來的EPS預估值。

　　EPS成長率的優點是簡單直覺，但容易樂觀高估，或者近一年虧損就無法推算。例如台積電的每股盈餘從2004年3.97元，至2014年10.18元，EPS十年複合成長率為10%（＝RATE(10, 0, -3.97, 10.18)），而EPS從2009年3.45元至2014年10.18元的五年複合成長率為24.2%（＝RATE(5, 0, -3.45, 10.18)），如果以過去五年成長率往後推算，2015至2019年的預期EPS分別為12.65、15.71、19.51、24.23、30.1──由於2009年是金融海嘯期間，會因為基期過低而導致成長率過度高估。

　　因此，可以參考葛拉漢對評估EPS成長率的實務建議：計算初值時，以前後共三年平均值取代單一年度數值 ❽。例如

2008～2010的三年EPS平均值為4.52，以平均值4.52取代2009年EPS的3.45，所得出的EPS五年複合成長率為17.6％（＝RATE(5, 0, -4.52, 10.18)），以此推算的2015～2019年EPS分別為11.97、14.08、16.56、19.47、22.9。

另一種方式是用ROE和每股淨值來間接推算每股盈餘。由表7-5可得出2005～2014十年平均ROE為23.8％，2010～2014五年平均ROE為25.7％，如果我們認為台積電未來五年的ROE會保持25％左右的水準，就可用下列三個簡化算式，推估未來五年的預期EPS、預期每股股息和預期每股淨值。

（1）預期EPS＝前一年每股淨值✕預期ROE
（2）預期每股淨值＝前一年每股淨值＋預期EPS
　　　　　　　　　－前一年每股股息
（3）預期每股股息＝預期EPS✕預期配息率

2015年EPS＝40.3✕25％＝10.1
2015年每股淨值＝40.3＋10.1－4.5＝45.9
2015年每股股息＝10.1✕60％＝6.1

2016年EPS＝45.9✕25％＝11.5
2016年每股淨值＝45.9＋11.5－6.1＝51.3
2016年每股股息＝11.5✕60％＝6.9

2017年EPS＝51.3✕25％＝12.8

2017年每股淨值＝51.3＋12.8－6.9＝57.2

2017年每股股息＝12.8✕60％＝7.7

2018年EPS＝57.2✕25％＝14.3

2018年每股淨值＝57.2＋14.3－7.7＝63.8

2018年每股股息＝14.3✕60％＝8.6

2019年EPS＝63.8✕25％＝16

2019年每股淨值＝63.8＋16－8.6＝71.2

2019年每股股息＝16✕60％＝9.6

步驟3：預估最後一年的本益比與股價

「預期本益比」可參考歷史本益比。台積電在2005～2014年的十年平均本益比為13.8倍，如果評估台積電的成長性與不確定性，2019年的預期本益比可接受十年平均本益比。

2019年預期股價＝預期EPS✕預期本益比

＝16✕13.8＝220.8（元）

步驟4：用股息折現模型算出內在價值

綜合上述預期五年配息與最後一年預期股價，以10％折現率

試算2015年的內在價值如下：

實務上，當年配息為前一年度的每股股息，所以2015年預期配息是代入2014年每股股息4.5元，依此類推後面四年的配息。

每年配息現值＝$4.5/(1+10\%)+6.1/(1+10\%)^2+6.9/(1+10\%)^3$
　　　　　　$+7.7/(1+10\%)^4+8.6/(1+10\%)^5=24.9$

期末股價現值＝$220.8/(1+10\%)^5=137.1$

內在價值＝每年配息現值＋期末股價現值
　　　　＝24.9＋137.1＝162（元）

我們對台積電內在價值的估計值為162元，較2015年3月底的股價146元，高出11％左右，也可以說台積電股價大約是內在價值打九折，而當時相較於2014年每股盈餘10.18元的本益比為14.3倍。

結語：以內在價值建立自己的好價位基準

有了內在價值作為參考，才能建立自己心目中的好價位基準，唯有當公司股價遠低於內在價值時，才適合買進。雖然內在價值的估算誤差可能不小，但如同台積電創辦人張忠謀強調的：「沒有辦法數量化的東西就無法管理，或者很難管理，所以即使很難數量化，也要盡可能數量化。」❾

用股息折現模型估算內在價值，最大的好處是讓投資人專注

於價值，而不是老盯著價格。雖然以保守態度評估內在價值或許會讓你錯失許多飆股，但可避免追高熱門股，更重要的是不會誤踩地雷股，避免淪為主力收割的韭菜。

股息折現模型的公式，現在可用Excel計算，並不困難，但估算每年股息與期末股價卻有很大的不確定性。巴菲特會用兩招降低不確定性的問題：一是只考慮在自己能力圈內的公司，而且其商業模式最好是簡單少變化，因為如果生意複雜多變，就難以預測公司的未來獲利能力；另一招是買進價格必須有足夠的安全邊際，如果計算出來的內在價值只比股價略高，他不會買進❿。在下一章，我們會進一步說明「安全邊際」這個成功投資的重要關鍵。

──────── 本章學習重點 ────────

1 一般投資人的評價方式：股價淨值比、本益比、殖利率

2 巴菲特認為最合理的評價方式：內在價值

3 內在價值是長期投資的主要衡量標準

4 內在價值的計算方式：股息折現模型

5 折現率可用10%或自己的要求報酬率

6 股息折現模型的四大要素：預估每股盈餘、配息率、折現率、預估本益比

虛擬個股「台一店」的合理價值

使用《台股價值站》App，就不需要自己蒐集整理每一檔個股的歷年財報資料，再用Excel反覆試算。只要在「評價設定」或「個股設定」頁面設定四個評價參數，所有個股都會以股息折現模型自動套用歷史財務數字和你自訂的評價參數，而產生個股的合理價值（本App用「合理價值」代表公司內在價值的合理估算）。

其中，「評價設定」設定完成只是起手式，之後依各公司不同的生意模式與未來展望，在「個股設定」頁面，你還必須為自選股個別設定專屬的評價參數。接下來我們就以一檔虛擬個股「台一店」，來說明《台股價值站》的操作方式。

重複的工作軟體做，重大的決策自己做

· **步驟1**：開啟《台股價值站》App後，在「排行榜」頁面，點選下方主頁籤「更多」，如圖7-5所示。

· **步驟2**：在「更多」頁面，點選「評價設定」列，如圖7-6所示。

· **步驟3**：在「評價設定」頁面，如圖7-7所示，自行設定以下四項評價參數，其中「要求年化報酬率」就會作為股息

折現模型的折現率。如果一開始不知如何設定評價參數，也可點選右上方的「參考」，會顯示其他人的設定方式，如圖7-8所示，可供參考。

・預期股東權益報酬率
・預期本益比
・預期現金股息配發率
・要求年化報酬率

圖7-5 「排行榜」頁面

圖7-6 「更多」頁面

圖7-7 「評價設定」頁面

· 步驟4：在「評價設定」頁面，點選「預期股東權益報酬率」列，再點選所需選項，例如「十年ROE的平均值」「五年ROE的平均值」等等，如圖7-9和圖7-10。

· 步驟5：依此類推，在「評價設定」頁面分別點選「預期本益比」「預期現金股息配發率」及「要求年化報酬率」，再個別點選所需選項。也可參考其他用戶設定的選項統計。

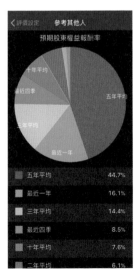

圖7-8 「參考其他人」頁面

圖7-9 「評價設定」頁面

圖7-10 「預期股東權益報酬率」頁面

· **步驟6**：在「評價設定」頁面完成上述四項評價參數的設定後，點選下方頁籤「個股摘要」，如圖7-11所示。

· **步驟7**：在「個股摘要」頁面的搜尋列，輸入任一檔個股的代號或股名，即會顯示該檔個股的合理價值，如圖7-12所示。

圖7-11　「評價設定」頁面

圖7-12　「個股摘要」頁面

我們以一檔虛擬股票「台一店」為例。如圖7-13所示，在「個股摘要」頁面會顯示合理價值為288元，目前是由股息折現模型套用用戶自行設定的評價參數和歷史財報數據所產生。如果點選「合理價值」那一列右側的問號標誌「？」，會顯示目前在「評價設定」頁所設定的四個評價參數、期末股價現值與股息現值，如圖7-14所示。

　　另外，在圖7-13的「個股摘要」頁面，點選右上方的「財報」，會顯示十年歷史財報數據，以及根據你自訂的評價參數所產生的未來五年預估數據（如圖7-15所示），可以讓你知其

| 圖7-13 | 「個股摘要」頁面 | 圖7-14 | 「合理價值」說明頁面 | 圖7-15 | 「年報」頁面 |

然，也知其所以然。

如前所述，「評價設定」的評價參數會套用在所有個股，但每家公司的生意模式與未來獲利預估模型必定不一樣，所以，你最好為每一家公司設定適用的個股評價參數。

如何為每家公司設定量身打造的評價參數？可在圖7-14「合理價值」說明頁面，點選下方的「個股設定」，或在圖7-15「年報」頁面，點選右上方的「個股設定」，就會顯示如圖7-16的「個股設定」頁面。在「個股設定」頁設定的評價參數，就是該公司的專屬設定條件。

「個股設定」
頁面

圖7-17「個股摘要」
頁面

例如在虛擬股票台一店的「個股設定」頁面設定評價參數如下：

　　預估股東權益報酬率＝三年ROE的平均值＝22.6％
　　預估本益比＝固定值＝15
　　預估現金股息配發率＝最近一年的配息率＝59.1％

　　如圖7-17所示，回到「個股摘要」頁面，顯示的台一店「合理價值」就由288元變成246元，同時「安全邊際」也顯示為「無」。
　　最後還有一招：如果你心有定見，也可以直接在圖7-16最下方，輸入未來五年的預估每股盈餘，就不需要用ROE來間接推估每股盈餘。

❶ 資料來源：1992年巴菲特致波克夏股東信

❷ 資料來源：http://www.berkshirehathaway.com/ownman.pdf

❸ 資料來源：1996年巴菲特致波克夏股東信

❹ 資料來源：羅伯特‧海格斯壯所著的《巴菲特勝券在握的12個原則》

❺ 資料來源：羅伯特‧海格斯壯所著的《巴菲特勝券在握的12個原則》

❻ 資料來源：2014年巴菲特致波克夏股東信

❼ 台積電2009年年報的簡明損益表，提供2004～2008年的「調整後每股盈餘」，按盈餘轉增資比率及員工紅利配股比率追溯調整

❽ 資料來源：班傑明‧葛拉漢所著的《智慧型股票投資人》

❾ 資料來源：張忠謀在標竿企業頒獎典禮的演講

❿ 資料來源：1992年巴菲特致波克夏股東信

第八章

一流投資架構第五關：
現在下手
投資風險高嗎？

建造一座可以承載三萬磅的
橋梁，但只允許一萬磅以下
的車輛通行，這種原則同樣
適用於投資領域。
——華倫·巴菲特

一流投資
架構
（研究所程度）第**5**關

闖關問題：
現在下手投資
風險高嗎？

通關提示：
安全邊際

　　彼得‧林區對巴菲特有一段英雄惜英雄的個人特質描述：
「身為投資人，巴菲特有紀律、耐心、彈性、膽識、信念和
決心，他總是在尋找低風險、甚至無風險的投資機會。除此
之外，他就像賠率制定者，非常善於計算機率。」❶內行人才
看得出來，巴菲特除了擅長選股，他的投資紀律與風險管控能
力，更是其縱橫股海無往不利的致勝之道。

　　巴菲特認為投資只要學好兩門課：如何評估公司價值和如何
看待市場價格。一流投資架構的前四關都是為了學好第一門課
「如何評估公司價值」，本章則是第五關，開始學習第二門課
「如何看待市場價格」，如圖8-1所示。

　　通過第五關的三大重點是：要求安全邊際、適度分散風險和
靈活資產配置。實務上，投資股票的風險主要來自輕率買進壞
公司，其次才是追高買進好公司。一流投資架構的前三關，已
大幅減少買到壞公司的風險，前一章的第四關與本章的第五關
則是降低好公司的買貴風險。投資不可能沒有風險，重點在於
將風險控制在自己的可承受範圍內。

股票投資，安全重於獲利

　　葛拉漢將投資定義為：「根據健全的深入分析，在確保本金安全的前提下，獲得令人滿意的報酬。」❷ 所以投資股票跟買保健食品類似，先求不傷身，再看是否有效；投資也是先求保本，而非一味追求最大報酬。下單買股之前，一定要學會保護自己，唯有先立於不敗之地，個人資產的複利雪球就有機會愈滾愈大，也才不會化為雪花而消失不見。

　　籃球大帝麥可‧喬登有句名言：「進攻得分，防守獲勝。」相較於一心想快速致富的投機者，投資人反而應該致力於避免損失。所以在追求合理報酬的同時，別忘了也要設法降低下檔風險，並設想如果事情發展不如預期，自己是否承受得起，這才是提升長期投資報酬率的成功關鍵因素。

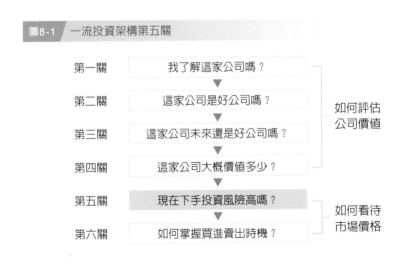

圖8-1　一流投資架構第五關

第一關	我了解這家公司嗎？	
第二關	這家公司是好公司嗎？	如何評估
第三關	這家公司未來還是好公司嗎？	公司價值
第四關	這家公司大概價值多少？	
第五關	現在下手投資風險高嗎？	如何看待
第六關	如何掌握買進賣出時機？	市場價格

巴菲特認為，風險應該從三個層面評估：①潛在威脅發生的機率有多大？②會造成多大的損失？③可能在什麼時候發生損失？❸ 簡而言之，風險是指事件發展不如預期的機率與後果。

　　比方說用一千個彈匣的左輪手槍裝一顆子彈，朝自己腦袋打一槍，你願意賭一把嗎？不論賭金多高，巴菲特說他都打死不幹，因為雖然風險很低，但後果非常嚴重。這也是巴菲特不願意隨便借錢投資的原因，雖然他有九成九的自信，用財務槓桿可以賺更多錢，但他不想承受絲毫可能導致嚴重後果的不必要風險。例如他引以為鑑的長期資本管理公司，就是極小機率造成一群金融天才傾家蕩產的悲慘故事。

投資風險：本金發生永久損失的機率與嚴重性

　　參考巴菲特的風險評估重點，我們可將投資風險定義為本金發生永久損失的可能性與嚴重性。如果你手上沒有股票，股市對你就沒有任何風險可言——難怪我對2000年的網際網路泡沫沒什麼印象，對2008年的金融海嘯就有切身之痛。

　　尤其投資是在高度不確定性的情況下做決策，風險的嚴重性比可能性更可怕。例如2020年百年一遇的全球股災，導致許多融資散戶斷頭出場，就是只想賺錢不顧風險的血淋淋教訓。所以，投資一定要做好風險控管，一旦不如預期，還能留得青山在，不怕沒柴燒，甚至可以彎道超車逆轉勝。

　　另外，巴菲特認為學術界將風險定義為個股相對於大盤的

波動性，卻無視企業的商業模式和經營差異，是誤入歧途且誤人子弟。巴菲特的投資操作反其道而行，寧願投資股價波動大但報酬率達15%的股票，而非股價波動小但報酬率為12%的股票。

例如1973年華盛頓郵報遭遇股市走跌與水門事件雙重打擊，巴菲特分批買進46.7萬股，共投資1,060萬美元，不幸遇到1974年美股崩盤，華盛頓郵報的股價又比巴菲特的成本價再下跌25%；但套牢四年後，股價從1977年開始四年漲5倍，四十年漲了200倍。巴菲特後來說到這筆投資，他當時評估華盛頓郵報的股價不到內在價值的四分之一❹，就大膽重押並長期持有。直到2013年華盛頓郵報被貝佐斯收購為止，巴菲特持股四十年的年化報酬率約15%。

巴菲特對投資風險的觀點與學院派有天壤之別，對風險的抗壓性和應對方式也跟一般人大不相同。你可以評估自己的風險承受力，來決定是要跟股神一起坐雲霄飛車，或是去另一邊坐旋轉木馬，採取較為保守的因應對策。

投資最大的風險，是自己而不是股市

風險來自投資標的和投資人的交互作用。就投資標的而言，風險可分為系統性風險和非系統性風險，而最大的風險來源是投資人的不理性行為，簡要說明如下：

1.**系統性風險**：又稱「市場風險」，是無法藉由股票組合消除的風險，例如景氣衰退、戰爭或瘟疫。這種風險造成的恐慌性殺盤，不論公司好壞都無法倖免，例如2020年新冠疫情引發的全球股市崩跌。投資應理性面對市場，並善用資產配置以降低市場震盪的威脅。

2.**非系統性風險**：又稱「非市場風險」，是指對公司或個股造成衝擊的風險。公司經營發展會不時遭受意外打擊，市場價格也不會隨時反映內在價值，投資人可藉由「安全邊際」與「分散持股」雙管齊下，來降低非市場風險。

3.**個人行為風險**：投資人一旦買進股票，就會產生恐懼、貪婪、沒耐心及過度自信等心魔，因而導致的不理性行為，才是造成虧損的主要原因；如果用融資融券交易，更加有被迫斷頭出場的風險。投資人要學習控制四大心魔，避免一時衝動而手滑下單。另外，要利用數據佐證與核對投資檢查表，將投資紀律內化成自己的操作習慣，面對市場出乎意料或公司不如預期時，才能臨危不亂，甚至危機入市。

因為投資真正的風險是本金發生永久損失，不管發生系統風險或非系統風險，你只要沒有買股，就沒有任何風險可言；另一方面，即使持股大跌50%，如果你確認公司沒變壞而沒有賣股，本金也不見得會產生永久損失。所以真正害你賠錢的，不是股市的漲跌，而是你自己的心魔。不是風動，不是幡動，而是自己的心動。

綜上所述，投資風險的主要來源與因應之道整理如表8-1，接下來會進一步加以說明。

表8-1　股票投資的三大風險

風險	潛在威脅	因應對策	巴菲特的風險	一般人的風險
系統性風險	股市大跌	理性面對市場 靈活資產配置	10%	50%
非系統性風險	公司不如預期 個股不受青睞	要求安全邊際 適度分散風險	70%	20%
個人行為風險	自己追高殺低	堅守投資紀律	20%	30%

市場先生：股神的工具人和散戶的恐怖情人

巴菲特對市場風險有超強的免疫力，可以承受股市的大幅波動，因為他對公司的內在價值自有定見，不在意股市的短期波動，只注重可持續的長期回報。對他而言，短期套牢不是風險，甚至股市不開張也沒關係。所以巴菲特把「市場先生」當作僕人而非老師，並認同葛拉漢所言：「短期而言，股市是投票機；長期而言，股市是體重器。」

巴菲特奉勸投資人：「如果不能忍受股市下跌50%的震撼教育，就不應該投資股票。」並提醒大家：「市場根本無法預測，股市的交通號誌一轉眼就會從綠燈變成紅燈，而且中間不會出現黃燈警示。」❺

由表8-2可看出，巴菲特掌管的波克夏公司，前五大持股都曾經歷30%以上的跌幅，但他依然可以氣定神閒抱緊處理，因為

他堅信公司價值的實質成長，才是投資的硬道理。許多網民都認為巴菲特是「本多終勝」，完全是畫錯重點，如果槍法不準或亂槍打鳥，子彈再多也沒用。股神的法寶其實是「好價位買好公司」，也就是買進前的「安全邊際」和買進後的「內在價值成長」雙效合一，不管股市怎麼跌，後來都跌不到他的持股成本。例如2020年3月股市大跌，蘋果從327美元下殺到215美元，跌幅高達34%，但距離巴菲特的持股成本141美元，仍有一大段距離。

表8-2 波克夏的前五大持股都經歷多次系統性風險

持股	觀察期間	高低價差（美元）	最大跌幅	成本價（美元）	持股市值（美元）	持股期間
蘋果	2020/02～2020/03 2018/09～2019/01	327～215 227～142	-34% -37%	140.65	737億	4年 2016至今
美國銀行	2020/02～2020/03 2006/07～2008/11	35～18 54～7	-49% -87%	13.25	334億	3年 2017至今
可口可樂	2020/02～2020/03 1998/03～2004/06	60～38 43～20	-37% -53%	3.25	221億	32年 1988至今
美國運通	2020/02～2020/03 2007/02～2008/11 2000/05～2001/08	136～69 65～12 52～29	-49% -82% -44%	8.50	189億	26年 1994至今
富國銀行	2019/11～2020/03 2006/11～2008/11	54～26 36～12	-52% -67%	20.37	186億	30年 1990至今

持股市值截至2019/12/31

巴菲特買股票跟買公司的想法一樣，都是投資一門生意，而非做股票或玩股票。他在意的是五年、十年，甚至二十年的公司長期價值，跟散戶緊盯每天、每週或每月的股價漲跌，兩者好像在不同的平行時空。

　　股市大跌是危機，也是轉機。對巴菲特而言，股市大跌就像天上下黃金雨，是千載難逢的天賜良機，可以大展身手危機入市；但對散戶而言，股市大跌卻像是晴天霹靂，可能殺低停損或融資斷頭，而導致本金嚴重虧損。所以，市場先生是巴菲特的工具人，卻可能是你的恐怖情人，引誘你犯下所有散戶都會犯的錯。

　　我們要如何學習巴菲特的投資操作，在黃金從天上掉下來的時候，頂著鋼盔拿臉盆衝出去大膽承接？紀律和銀彈是兩項必備工具。如果你確認公司的內在價值，看清股市正在賤價大拍賣，就要有出手的勇氣；另外不可或缺的是要有銀彈才行，這就是資產配置的重要性。

靈活資產配置，彎道超車逆轉勝

　　人生風險重於投資風險，投資之前要先理財，資產配置比選股更重要，如圖8-2所示。一般人平常對風險的主觀想法，經常跟客觀事實出現極大的落差，例如很少人會主動投保，一旦意外發生或重病住院，想保的時候反而保險公司會拒保。意外與明天哪個先到，沒人知道，所以奉勸大家投資之前，該有的保

圖8-2　資產配置比選股技巧重要

理財	投資	股票
保險規畫	定存	ETF派
稅務規畫	債券	價值派
投資規畫	股票	成長派
退休規畫	黃金	技術派
遺產規畫	房地產	籌碼派

險不能省。

　　巴菲特認為沒有人可以預測市場，但我們可以做好準備，資產配置就是重要準備工作之一。投資人應該在風險承受範圍內，量身打造適合自己的資產配置，讓一流公司為我們賺錢的同時，降低股市波動對心理壓力或資產減損的影響力。

　　巴菲特的資產配置是攻擊重於防守，以追求令人滿意的報酬率為主。他所掌管的波克夏公司，除了擁有許多子公司之外，可動用資金還配置在三方面：股票投資、固定收益投資和現金部位，其中固定收益投資包括債券和特別股。由圖8-3可看出，巴菲特即使被大家公認為股神，也不會全押股票。他將資金靈活運用於併購、股票或債券等不同投資形式，並保留適當的現金部位，達到降低風險和提高報酬的最大效益。

　　例如自從金融海嘯之後，巴菲特將固定收益投資從2009年的22%，降到2019年底的4%淨值占比；而股票投資部位則隨時汰弱擇強，2019年底提升到2,480億美元，占淨值58%。最引人

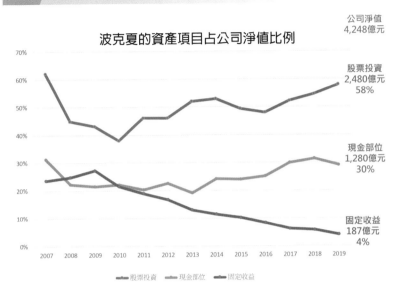

圖8-3 波克夏公司的資產配置

波克夏的資產項目占公司淨值比例

公司淨值
4,248億元

股票投資
2,480億元
58%

現金部位
1,280億元
30%

固定收益
187億元
4%

2007 2008 2009 2010 2011 2012 2013 2014 2015 2016 2017 2018 2019

●━ 股票投資 ━ 現金部位 ━ 固定收益

注目的是，2019年底的現金部位累積到1,280億美元，占淨值30%，也超過持股市值的一半，代表巴菲特找不到物超所值的投資標的，但寧缺勿濫，不輕舉妄動。2020年遇到百年一見的股市大跌，正好應驗「機會是給準備好的人」這句話。

另外值得一提的是，波克夏因為有源源不絕的浮存金收入，每年股票投資部位都是買多於賣，但波克夏在2020年2月中申報的13F文件顯示，2019年第四季和整年度都是淨賣超，讓我心生警惕，在FB粉絲專頁示警：「近十年巴菲特每年都是淨買超，唯獨2019年是賣多於買，導致波克夏帳上現金創新高，股神的近期操作值得注意。」❻ 我並適度調整自己的資產配置，

3月股災時才有更多的銀彈靈活應對。

　　一般投資人的資產配置是防守重於攻擊，主要是為了降低市場風險。因應市場波動的基本要求是用閒錢投資，也就是用五年內不須動用的教育基金或退休基金，打造適合自己的資產配置。最簡單的配置是股債均衡，用100減去年齡作為股票投資比例，例如30歲的年輕人投資70%股票和30%債券，50歲的中年人就股債各半，然後再依自己的所得和風險承受度略加調整。

　　股債均衡的資產配置，投資報酬可能比不上全押股票，卻可以有效降低下檔風險，避免發生股災時，一時驚慌失措，而做出錯誤的決策；另一方面，資產配置也是彎道超車的投資利器，讓你在股市大跌的時候，舉起獵槍還有子彈可以逢低承接，贏在轉折點。

　　資產配置是一種進可攻退可守的投資策略，可找出相同風險之下的較高報酬，或相同報酬之下的較低風險。若對資產配置有興趣深入研究，可進一步參考闕又上老師所著的《你沒學到的巴菲特：股神默默在做的事》一書。

非系統性風險：吃燒餅沒有不掉芝麻的

　　巴菲特在每年的致波克夏股東信中都不吝檢討自己的失敗案例，總共提了一百多次自己所犯的錯誤，而且預告未來還會犯更多的錯。這代表巴菲特選股再厲害，也會有看走眼的時候。例如本章最後個案研究的表8-4所列的7家公司的發展，就大出

巴菲特的意料之外，主要都是非系統性風險。

不過，縱使遭遇所羅門司法案件、TESCO做假帳、能源未來公司破產等重大事件，波克夏仍然能夠維持賠錢不超過淨值1%的第一金律，四十多年來都沒有破功，主要關鍵就是善用投資三寶：安全邊際、分散持股及資產配置。

如果你找到一家好公司，通過一流投資架構的前四關考驗，仍然不能掉以輕心，最好能耐心等待好價位，也就是要求足夠的安全邊際，並且要多找幾家分散風險。巴菲特的建議是「六六大順」：理想目標是六折買進六檔好股。本書第九章會進一步說明。

安全邊際：會買的才是師父

葛拉漢把投資精髓簡化成「安全邊際」四個字，代表安全邊際是成功投資的最重要基石。安全邊際是確保本金安全的基本要求，也是區別投資與投機的主要標準。葛拉漢並強調，安全邊際與分散持股具有密切關係，可相輔相成以降低投資風險，茲分別說明如下。

由表8-2和本章最後個案研究的表8-4可看出，巴菲特投資遭遇多次市場風險和非市場風險的打擊，仍然可以立於不敗之地，堅守安全邊際就是他絕不賠錢超過淨值1%的關鍵成功因素。不同於股市名嘴常說的「會買的是徒弟，會賣的才是師父」，巴菲特更重視買進前的準備作業和耐心等候，畢竟等

待股價低於內在價值，是投資人可以掌控的，而股價會漲到多高，只有天知道。

當你好不容易找到一家好公司，也算出其內在價值，那麼市場價格與公司價值差不多時，就可以下單買進嗎？為了降低非系統性風險，應該稍安勿躁再等等，最好等到價格與價值有足夠的差距，才是較佳買點。就像我老婆平時逛百貨公司，先挑選中意的款式，再看一下標價，卻不貿然下手，等到週年慶折扣下殺時，才刷卡買單，不像我通常是中意就買，可見我老婆比我更懂得安全邊際的妙用。又如「保持車距，沒有悲劇」是高速公路常見的警語，代表一種安全駕駛的行為，即使前車突然發生意外狀況，也不會危及自車安全。股票投資也是同樣的道理。

如圖8-4所示，所謂安全邊際是指，當股票的市場價格與內在價值之間出現有利價差時，這個價差就是安全邊際的保障。安全邊際必須大到足夠克服投資人估算誤差與公司時運不濟的

圖8-4　安全邊際是指內在價值與市場價格的有利價差

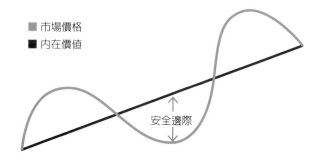

■ 市場價格
■ 內在價值

安全邊際

可能性，等到股價超過內在價值，投資就能獲得令人滿意的報酬。而且內在價值隨著公司獲利成長持續增加，安全邊際還會愈來愈大。

舉例而言，如果投資人估計股票的內在價值為100元，等到股價跌至60元時買進，有利價差為40元，安全邊際為40%（＝1－60／100），或相當於內在價值打六折。即使過度高估，這檔股票實際只值80元，你也不會吃虧，還可賺33%（＝80／60－1）。但如果你不考慮安全邊際，直接買在100元的話，股價漲到120元，可賺20%，但若回跌到實際價值80元，就會賠20%。所以，買進價才是影響投資報酬率的最主要因素。以台積電的投資人為例，如果張三在300元賣出，李四在250元賣出，前者看起來比後者多賺20%，但如果張三的買進價是200元，李四是在100元買進呢？代表台積電這筆投資，張三賺了50%，李四大賺150%。

安全邊際是投資機會與風險控管的取捨。如圖8-5所示，如果台積電的內在價值為200元，股價跌到100元，安全邊際就是50%，相當於打對折；股價140元的安全邊際則是30%；而當股價超過200元時，就沒有安全邊際。但有一好沒有兩好，你要求的安全邊際愈大，愈不容易等到可買進的價位。葛拉漢的標準是打對折，巴菲特的目標是打六折，你可以自行拿捏，若是自己把握度較高的簡單生意，安全邊際可抓少一點；反之，自己把握度較小的話，安全邊際要抓大一些。

通常熱門股的股價都很貴，沒有絲毫安全邊際可言，散戶輕

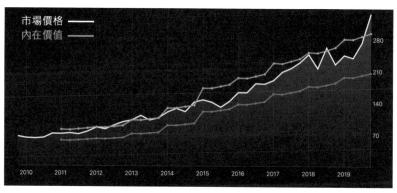

圖8-5 台積電的內在價值與安全邊際

市場價格 ——
內在價值 ——

280
210
140
70

2010 2011 2012 2013 2014 2015 2016 2017 2018 2019

資料來源：台股價值站

率追高的結果經常不如預期，甚至淪為長住套房或認賠了事的下場。投資人藉由一流投資架構，挑選具備過五關實力的一流公司，耐心等待有足夠安全邊際的好價位，就可以大幅降低投資風險。股市沒有買貴退差價這回事，用內在價值的折扣價買進績優成長股，會比溢價追高熱門股，更能安心長抱賺大錢。

沒有任何人能不犯錯，安全邊際可以讓你就算誤判情勢，也不至於傷筋動骨。要求足夠的安全邊際，是「絕不賠錢」的關鍵所在，可以大幅降低投資風險。拒絕追高就能減少本金虧損的機率，所以巴菲特提醒投資人：「如果追高昂貴價的好公司，明智的投資也可能淪為輕率的投機。」❼

在通過一流投資架構的第五關時，預估公司每股盈餘的不確定性，也會產生內在價值失算的投資風險。較安全的做法是上兩道保險，一是估算內在價值時盡量保守，二是內在價值與買

進價的差距愈大愈好。而且對一家公司未來展望的不確定性愈高，就要抓更大的安全邊際；不確定性如果過高，代表自己可能撈過界了，就直接放生，另尋目標吧。

投資就像種果樹，要適度分散持股

投資除了要求安全邊際，還要適度分散持股，雙管齊下，效果加倍，這也是保險業的精算原理。足夠的安全邊際可大幅提升獲利機會，但不能100%保證穩賺不賠，選股勝率超過七成就算高手；而安全邊際加上分散持股，總獲利金額超過虧損金額的可能性就會大幅提高，投資勝算更大。

股票組合可以分散非系統性風險，因為某一檔股票因公司遇到倒楣事而下跌時，投資人的其他持股並不會受影響。如表8-3所示，根據葛林布萊特在《你也可以成為股市天才》一書中的統計發現，持有2檔不相干的股票，就能減少46%的非系統性風

表8-3 分散持股能減少非系統性風險

	非系統性風險的減少程度
1檔持股	↓ 0%
2檔持股	↓ 46%
4檔持股	↓ 72%
8檔持股	↓ 81%
16檔持股	↓ 93%
32檔持股	↓ 96%
500檔持股	↓ 99%

險，持有4檔股票能消除72%，持有8檔股票能消除81%。理論上持股愈分散，非系統性風險就愈小，但影響愈來愈不顯著。

例如我們可由圖8-6的波克夏主要持股看出，巴菲特即使選股功力超強，持股向來甚為集中，也不會孤注一擲全押一檔。以2019年底的申報資料來看，相較於股票投資部位的2,480億美元，波克夏的最大持股蘋果（美股代號：AAPL），持股占比不超過三成。

相對於許多基金經理人每年買賣數百檔股票，巴菲特集中持股50檔左右，算是非常特立獨行，其中前五大持股就占60%，前十大持股占73%。巴菲特深信集中投資有助於提升績效，同時也了解適度分散持股，即可避免大部分的非系統性風險。

圖8-6 波克夏公司的前十大持股（單位：億美元）

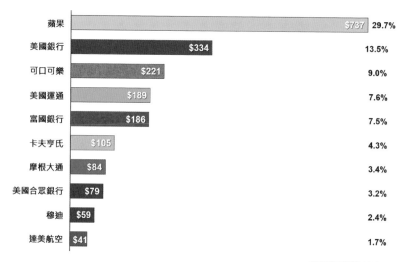

資料統計截至2019/12/31

投資人如果有10檔持股，即可降低八成的非系統性風險，就算其中一家公司倒閉歸零，賠掉10%的本金，還有機會靠其他9檔個股彌補；但如果資金全押1檔，萬一不幸股價腰斬，未來必須獲利翻倍才能回本。另一方面，如果過度分散，投資100檔股票，就算其中1檔個股飆漲1倍，總資金也才增加1%，對整體績效助益有限。所以不論多看好一家公司，千萬不要押身家一把梭哈，應適度分散持股，以兼顧風險與報酬。建議5檔左右為宜，最好不要少於3檔，也不要超過10檔，過猶不及。

你的投資組合就像一座果園，收成可能是數年之後，而且不能期望所有果樹一起開花結果；但多植幾種果樹，未來就能一年四季品嚐甜美果實。

投資的三不政策

巴菲特說投資不是智商160的人打敗智商130的人，但我想他沒說的是，一般人手中有持股之後，投資智商會自動降低30；如果有融資融券，投資智商還會再降30，導致投資行為跟平常表現判若兩人。

巴菲特每年舉辦慈善午餐競標，其中一位得標者請教他說：「投資成功可能需要做很多事，我記不住，你只要告訴我不要做什麼就行了。」股神就告誡他，投資千萬不要做三件事，即可立於不敗之地。這三件事我都試過，的確是輸多贏少，尤其是第三點的學費特別貴。

股神的三不政策如圖8-7所示,並說明如下。

圖8-7 巴菲特建議投資人的三不政策

1. **不要借錢買股票**:不管借多借少,一旦股市大跌,看到媒體聳動標題,會讓你心生恐懼,判斷能力大受影響。另外,沒有融資,也不會被斷頭出場。

2. **不要放空看不順眼的公司**:短期而言,市場價格不見得會反映內在價值,而且股價跌幅不會超過100%,漲幅卻沒有上限,所以做空最多賺1倍,卻有可能被軋到外太空。例如特斯拉股票(美股代號:TSLA)的放空者就曾付出慘痛的代價。

3. **不要買自己不懂的東西**:專注在自己有優勢的地方才能提高勝算,便宜行事或逞強撈過界,通常沒有好下場。

一流投資架構,低風險賺高報酬

股票投資的最大風險是輕率買進三流公司,其次是高價買到二流公司,如果能用便宜價買進一流公司,就是低風險高報酬的投資機會。一流投資架構效法巴菲特絕不賠錢的第一金律,

可以說是一套低風險高報酬的投資SOP。

一般人的直覺是「高風險高報酬，低風險低報酬」，認為風險與報酬的大小依序為股票、債券、定存。例如許多長輩都告誡年輕人，股市是吃人的世界，離它愈遠愈好；但以長期觀點而言，股票的風險反而小於定存，因為定存利率不到1%，無法抵擋每年2%～3%的通膨風險威脅。根據2020年3月底的統計資料，台股有500多家上市櫃公司不但殖利率超過3%，而且連續十年配發現金股息，還可以跟著經濟一起成長。

巴菲特深知犯錯是投資的一部分，但非常痛恨賠錢，一生奉行師父葛拉漢的第一金律：「絕不賠錢。」他重視風險控管更甚於追求獲利，不見得追求最大報酬率，但一定確認賠錢風險極小，才下手投資，這是他縱橫股海六十多年來穩操勝券的主要關鍵。

如果只比獲利績效，巴菲特的年化報酬率20%，不見得是最厲害的投資大師，但能持續五十年以上，就無人能出其右。而許多名噪一時的專業投資人，持續十幾、二十年的高投報率只要因冒險而失手一次，就可能從此在投資名人榜消失。

虧損以1%淨值為限，這種風控能力有多了不起，我們可以檢視自己的投資操作是否能達標。假設你有300萬元資金，打算一半放定存，一半投入股市，在2020年初分別用110元買進3張中華電、330元買進2張台積電及460元買進1張國巨，之後國巨連跌幾天，你在400元認賠出清，就在這筆交易中賠了6萬元，讓300萬本金損失2%，已經超過「虧損不超過淨值1%」的標準，

更不用提同年3月股市大跌的雲霄飛車俯衝大考驗。所以,我們在讚歎巴菲特的亮麗投資績效之餘,更應該深入了解他投資的防守策略及實戰操作,才能見賢思齊,在股市立於不敗之地。

結語:降低風險是發揮複利威力的前提

大多數人都會高估自己的操盤功力。一般人的投資決策,有三分之一的機率出錯,但只要保守估值,拉大安全邊際並適度分散風險,萬一投資決策錯誤,也不會帶給你嚴重的打擊。

投資複利雖然威力強大,但過程中很容易被打回原形。假如一位投資人投入股市的資金,從2009年的100萬元,到2019年累積到500萬元,年化報酬率為17.5%(=RATE(10, 0, -100, 500)),投資績效就比同時期的巴菲特還厲害;但如果2020年不幸虧損50%,年化報酬率就會變成8.7%(=RATE(11, 0, -100, 250)),績效反而可能不如大盤。

巴菲特的長期事業搭檔查理・蒙格提醒大家:「反過來想,永遠都要反過來想。我知道會死在那裡,就絕對不要走到那裡。」我們可將巴菲特的風險控管做法反過來想:你如果喜歡追逐明牌,不時追高殺低,鋌而走險,押身家釘孤支,甚至融資融券加大槓桿,妄想一夜致富,多次大賠個人淨值10%以上,就很容易被市場先生修理,甚至提早畢業出場。如果發現自己有以上症狀,就需要考慮遠離市場,因為最大的投資風險就在鏡子裡。

股票投資的目的，應該是為了達到合理的財務目標，讓自己的生活過得更好，不應為了追求更高的報酬率，而承受不必要的額外風險，反而影響到生活品質。如何認識風險、正視風險並設法降低風險，是通過一流投資架構第五關的主要任務，許多投資人在這裡卡關，一不小心就GAME OVER了。股票投資，安全第一，不可不慎！

若你真正領悟巴菲特第一金律「絕不賠錢」的真諦，就能攻守兼備，在股市過五關斬六將，充分發揮複利的雪球威力。下一章會說明如何判斷買進賣出時機，以掌握低風險高報酬的投資機會，設法讓投資交易大賺小賠，投資組合維持穩健獲利。

本章學習重點

1 投資的三大風險：系統性風險、非系統性風險、個人行為風險

2 降低系統性風險：要理性面對市場波動與靈活資產配置

3 降低非系統性風險：要有足夠的安全邊際和適度分散持股

4 安全邊際是指內在價值和市場價格的有利價差

5 適度分散持股：建議在3檔至10檔之間

6 避免個人行為風險：堅守投資紀律和克服四大心魔

7 巴菲特建議的投資三不政策：不借錢、不放空、不懂不買

巴菲特絕不賠錢的神奇功力

巴菲特在2015年揭露其不賠錢的功力:「過去五十年,波克夏公司只有一次投資損失超過淨值的2%,另外兩次投資損失超過淨值的1%。這三筆投資都發生在1974至1975年,而且是為了買更便宜的股票。」❽

所以,我把上述最嚴格的標準「損失不超過淨值的1%」,作為第一金律「絕不賠錢」的操作型定義,並將巴菲特的主要失敗案例整理成表。由表8-4可看出,巴菲特的「絕不賠錢」神功真是厲害,至今尚未破功!以下舉三例說明。

波克夏在1993年以換股方式收購Dexter鞋業,巴菲特在隔年的致股東信中提到:「我們之前併購H. H. Brown和Lowell Shoe兩家製鞋廠的結果都超乎預期,所以再次抓到Dexter鞋業這個併購機會。我認為Dexter鞋業是門好生意,是我們投資生涯中看過管理最好的公司之一。」最後,Dexter還是不敵海外鞋廠的低價競爭。這個案例可能是過度自信讓巴菲特差點一世英名毀於一旦。

而巴菲特第一次跨足科技股,就是在2011年大舉買進IBM,而且連續五年加碼,最後在2017年出清持股。巴菲特後來回顧,也坦言投資IBM有點超出自己的能力範圍。大家以為股神鎩羽而歸,投資IBM應該賠很多,但其實加上六年的股息收入23億美元,巴菲特還是小賺出場,只是六年投資好像白忙一場。

最近的例子則是,巴菲特從2016年買進達美航空,中間陸續

加碼至72百萬股，平均成本價約44美元；2020年新冠疫情導致航空業榮景不再，巴菲特在該年的波克夏股東會透露，4月已清倉所有航空股。達美航空賣出價約24美元，這筆交易慘賠14億美元，但也不到公司淨值的0.5%。難道航空業真的是巴菲特魔咒？

表8-4 ▌ 波克夏公司的失敗投資案例（金額單位：美元）

投資案例	成本	賣出	股息收入	實際虧損	波克夏淨值	年度大事
所羅門兄弟9%特別股	7億			無虧損		1987年買進特別股 1991年面臨財政部制裁關門危機
達美航空12%特別股	3.58億		2.4億	無虧損	315億（1997年）	1989年買進特別股 中間瀕臨破產 1997年付息
Dexter鞋業普通股	4.33億			-2億	363億（1999年）	1993年用股票收購 連五年業績下滑 1999年提列商譽減損
Tesco（英國公司）普通股	17億	12億		-4.44億	2,430億（2014年）	2006年買進 2010、2012年加碼 2013年公司做假帳 2014年出清
能源未來控股公司債	20億	2.6億	8.4億	-9億	2,245億（2013年）	2007年買進公司債 2013年公司破產
IBM普通股	141億	124億	23億	無虧損	3,520億（2017年）	2011年新增持股 連續五年加碼 2017年出清持股
卡夫亨氏普通股	98億			持股續抱	4,016億（2019年）	2015年買進 2019年提列巨額商譽減損
達美航空普通股	31.7億	17.3億		-14億	4,016億（2019年）	2016年買進55百萬股 2018年增至66百萬股 2020年增至72百萬股 2020年4月出清持股

❶ 資料來源：羅伯特‧海格斯壯所著的《巴菲特勝券在握的12個原則》第一版前言

❷ 資料來源：葛拉漢與陶德所著的《證券分析》

❸ 資料來源：1993年巴菲特致波克夏股東信

❹ 資料來源：1985年巴菲特致波克夏股東信

❺ 資料來源：2017年巴菲特致波克夏股東信

❻ 畢卡胡FB粉絲專頁2020年2月貼文：https://www.facebook.com/valuebook.tw/videos/2345739612192492/

❼ 資料來源：2015年巴菲特致波克夏股東信

❽ 資料來源：2014年巴菲特致波克夏股東信

第九章

一流投資架構第六關：
如何掌握
買進賣出時機？

每隔十年左右，經濟天空會
烏雲密布，突然短暫下起一
場黃金雨，這時候我們一定
立刻衝出去，拿大臉盆而非
小鋼杯去接黃金。
——華倫·巴菲特

一流投資
架構
（研究所程度） 第**6**關

闖關問題：
**如何掌握
買進賣出時機？**

通關提示：
六六大順

　　經過一流投資架構前五關的考驗，第六關要學習如何堅守投資紀律，才算完成股票投資的最後一塊拼圖。本章主要說明三個重點：買進時機、賣出時機和持股配置，希望讀者找到好價位的好公司後，學習如何掌握買進賣出時機，發揮自己的獨立判斷能力，用理性克服人性，在關鍵時刻大膽出手，每筆交易設法大賺小賠，以建構一個長期穩健獲利的投資組合，如圖9-1所示。

圖9-1　一流投資架構最後一關

第一關	我了解這家公司嗎？	
第二關	這家公司是好公司嗎？	找好公司
第三關	這家公司未來還是好公司嗎？	
第四關	這家公司大概價值多少？	
第五關	現在下手投資風險高嗎？	等好價位
第六關	如何掌握買進賣出時機？	大賺小賠

巴菲特老實說：「我們沒有發大財的神奇魔法，只有隨時做好心智上和財務上的準備工作，當機會來敲門時，就眼明手快地大幹一場。每隔十年左右，經濟天空會烏雲密布，突然短暫下起一場黃金雨，這時候我們一定立刻衝出去，拿大臉盆而非小鋼杯去接黃金。我們未來也會這樣做。」❶

前一章已說明如何做好心智上和財務上的前置作業，本章著重於如何掌握機遇，以及隨時準備跟巴菲特同步買進的紀律和膽識，尤其是在股市大漲與大跌時，都應該保持理性，避免被貪婪和恐懼這兩大心魔迷惑。

例如2019年台灣股市全年大漲23.3%，創下近十年最大漲幅，如圖9-2所示，勝過亞洲其他股市。回想那一年，你是抱緊處理，還是空手觀望？你是滿載而歸，還是無功而返？

反之，如巴菲特所料，每十年左右，黃金就會從天上掉下來──我們也可從圖9-2看出，2008年的金融海嘯是長期的最佳買點，而最近的2020年新冠疫情，又創造出一個危機入市的絕佳時機。股市大跌正是檢視自己能否堅守投資紀律的關鍵時刻，你是急忙停利停損，或者心平氣和抱緊處理，還是見獵心喜逢低承接？不妨趁機檢視自己投資操作的盲點和罩門，或者看看是在一流投資架構的哪一個關卡暫時卡關。

買進時機：把握便宜價入手績優成長股

投資股票就像談戀愛，有時要靠緣分。所謂緣分就是天時

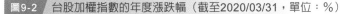

圖9-2　台股加權指數的年度漲跌幅（截至2020/03/31，單位：%）

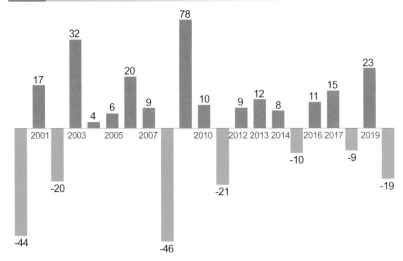

地利人和，天時是接到天上掉下來的黃金，地利是投資標的的相對價值優於手中持股，人和就是手上有額外資金可以逢低布局，用便宜價買進績優成長股，就能抱得安心，也賺得開心。耐心等待是成功獲利的傳統美德，除非有看到好價位出現，否則沒有必要勉強出手。

　如果你口袋名單上的好公司，能夠通過一流投資架構的前四關考驗，卻在第五關卡住，遲遲等不到好價位，以下三種情況發生時，就是難得的買進時機：

1.股市大跌
2.好公司遇到倒楣事
3.好公司不受青睞

投資新手最怕滿手股票卻遇上股市大跌，但老手都知道，當股市出現恐慌性殺盤時，往往是長線布局的好時機。因為公司不論好壞都一起跳水下跌，就有機會用跳樓拍賣價買到一流公司的股票，前提是要有銀彈和膽量——銀彈來自第五關的靈活資產配置，膽量來自前四關對這家公司的定見和遠見。

　　2008年金融海嘯期間，波克夏的持股市值曾跌掉50%，巴菲特的做法不是停損止血，而是危機入市大舉掃貨，連自己的私房錢都由公債換成股票，並以「Buy American. I Am.」為題投書《紐約時報》❷，「別人貪婪時要恐懼，別人恐懼時要貪婪」這句名言即出自此處。

　　2018年底股市大跌也是一個好買點，如圖9-3所示，可用難得的便宜價買進績優成長股，例如220元的台積電、300元的寶雅和3,000元的大立光，2019年報酬率分別高達50%、40%及67%；如果持股續抱至2020年3月底，即使遭遇新冠疫情導致股市大跌20%的衝擊，台積電274元、寶雅429元和大立光3,830元，也沒有跌破當初的成本價，如圖9-4所示。

圖9-3　台股K線圖（2014～2020年）

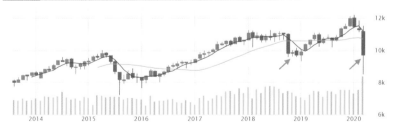

資料來源：CMoney（截至2020/03/31）

圖9-4　寶雅K線圖（2014～2020年）

資料來源：CMoney（截至2020/03/31）

　　2020年3月的全球大殺盤，波克夏的持股市值不到一個月蒸發30%，巴菲特說他活了八十九年第一次看到這種跌勢，但仍然一派輕鬆地建議投資人：「新冠疫情對人類是可怕的威脅，但不該影響你的投資紀律。我對經濟長期展望仍然保持樂觀，也持續投資股票，並在未來二十年至三十年長期持有，因為新冠病毒不會改變好公司的長期發展。如果遇到市場恐慌，好公司股票在跳樓大拍賣，而你手上還有資金，反而是一個千載難逢的買進時機。」❸

　　例如2020年3月我也趁機買進40美元的可口可樂（美股代號：KO），而非75元的中華食（4205），因為兩者當時的本益比差不多，但可口可樂的ROE比中華食高出一截，而且感覺可口可樂的護城河應該更寬更深。2018年底買進150美元的蘋果，而非225元的台積電也是同樣的道理。五年後再回頭檢視這兩個相對價值判斷是否明智。

　　第二種買進時機是好公司遇到倒楣事。巴菲特掌握的絕佳投資機會，都是一流公司遇到短期營運困境。例如1964年美國

運通（美股代號：AXP）深陷沙拉油騙局風暴，並須付出巨額賠償善後，巴菲特確認這個危機不影響美國運通的旅行支票本業，即大舉買進，並於兩年後大賺2倍出場。

我對輝達（NVIDIA，美股代號：NVDA）也曾如法炮製。輝達是全球繪圖晶片龍頭，近年來更在AI晶片市場領先群雄，2017年台北Computex展邀請NVIDIA創辦人黃仁勳發表主題演講，我還去現場聽講，對這家好公司印象深刻，但因股價太貴而買不下手。直到2018年虛擬貨幣崩盤，導致繪圖卡晶片庫存大增，NVIDIA股價不到三個月從280美元腰斬到140美元，但我認為NVIDIA仍具有強大的競爭優勢，就在2018年底逢低承接，一年後賺1倍出場。

第三種買進時機是好公司不受青睞。有時績優股一時不如預期，卻是長期投資的布局時機。例如2016年4月蘋果公布財報，揭露其營收首度衰退，終結連續五十一季成長的神話，而在大家都不看好的情況下，巴菲特趁機大舉買進蘋果（美股代號：AAPL），那時候的本益比居然只有10倍出頭，真是物美價廉。

另外，不要一窩蜂搶進熱門股，冷門股反而能夠提供隱藏版的超額利潤。例如寶雅（5904）近十年每股盈餘的複合年增率超過20%，2018年法人擔憂其展店會面臨瓶頸，恐怕影響其成長動能，導致寶雅股價從2018年初的360元，急跌到10月的250元，總經理陳宗成還自掏腰包買進30張股票。雖然當時我注意到寶雅超跌，卻還是觀望一陣子，直到300出頭才下手買進，那

時寶雅的日成交量都不到100張，如圖9-4所示。

「別人恐懼時要貪婪」這句話許多人都可以朗朗上口，但真正做到並不容易。所以，發現機不可失時，建議在開盤前就用限價單（ROD）掛進，不要盯盤，避免盤中受到市場先生情緒干擾，又臨時刪單而錯失良機。

另外值得一提的是，巴菲特在買進任何一檔股票前，會先拿來跟目前的持股PK相對價值，如果想買的股票相較於現有持股並沒有更好，還不如加碼現有持股。這個相對價值標準可以為你過濾掉九成的買股念頭。

總而言之，買進股票的最佳時機，是公司未來展望最悲觀的時候，大家都不抱希望，而且避之唯恐不及，這種關鍵時刻就可看出投資人在實戰中的專業能力。只要你的潛力股的絕對價值有足夠的安全邊際，相對價值又優於目前其他持股，在自己可以承受的風險程度範圍內，就要有膽識拿出五年內不須動用的閒錢，頂著鋼盔進場放手一搏。

六六大順：六折買進六檔好股

巴菲特認為集中持股反而可以降低風險，因為持股不多，就更有心力深入研究公司的內在價值，相對減少擔心賠錢的次數，同時也降低對公司商業模式和未來展望的不確定性。簡而言之，投資人愈透澈了解公司的生意，承擔的風險愈小。

投資股票應該買進幾檔比較妥當？巴菲特曾經提到：「如果

你有做足功課，可以搞懂公司的商業模式，買進最好的六檔個股就綽綽有餘。只要有辦法找到六家一流公司，除了能幫你賺大錢之外，也足以分散風險。而且我保證與其再買第七檔個股，不如加碼最好的第一檔持股，投資績效會更好。」❹

至於要等到打幾折才算好價位，巴菲特的建議是：「你認為值100元的東西，不要用99元去買，要等到賣60元的時候再下手，這樣才有足夠的安全邊際。」❺

六折買進六檔好股，以建立最佳投資組合，這樣的目標非常嚴格，也不容易做到。但就像瞄準月亮，至少可以射中老鷹，一開始不要把選股標準訂得太寬鬆，寧可少賺，不要賠本。

一流公司要抱緊處理，不要拔鮮花種雜草

要在股市長期穩定獲利，抱緊處理的功夫很重要，因為時間是好公司的朋友，壞公司的敵人。如圖9-5所示，左圖表示好公司的內在價值會持續成長，如果在A點買入，即使短期套牢並經歷多次股市下跌，B點的股價仍然高於A點的成本價；右圖則表示壞公司的內在價值會隨時間減損，如果在C點買入，當時雖然有安全邊際，之後在相對高點的D點賣出，還是虧本。所以投資時間愈長，內在價值的成長力愈重要。這就是為什麼巴菲特再三重申：「寧願用合理價買進一流公司，也不願用便宜價買進平庸公司。」

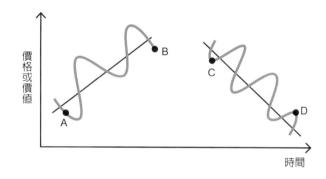

圖9-5　時間是好公司的朋友，壞公司的敵人

（縱軸）價格或價值
（橫軸）時間

　　讓一流公司為你賺錢，是讓股票價值跟著公司獲利一起成長，而非每日緊盯股價漲跌，否則心情隨著股市行情上上下下，就很難抱得安心。用好價位買進好公司，抱緊處理就能賺得開心。好公司只要沒變壞，長期持有才是上策，不必煩惱何時賣出，只需要做一次決策就好。

　　巴菲特提到：「好不容易買進一流公司的股票，我們就打算永遠持股；只要公司的競爭優勢可長可久，即使短期營運不佳，我們也不會急於獲利了結。反之，就像彼得‧林區常比喻的，一般人都喜歡拔鮮花種雜草。」❻ 所以買進一檔股票，要有抱一輩子的打算，就像新人交換戒指的結婚誓詞，從今天開始，無論順境或逆境，我將永遠愛你，珍惜你直到地久天長；至於實際的婚姻生活，就各人造業各人擔。他也奉勸投資人：「如果一檔股票你不打算長抱十年，那就連十分鐘都不要持有。」❼

巴菲特也謙稱自己少做一些買賣操作的話，投資績效應該會更好。如何避免拔鮮花種雜草？換股操作是同時做兩個決策，實務上如果兩檔個股的預期報酬率差異不到20%，不見得是明智之舉。例如你認為目前持股A還有上漲10%空間，而個股B有上漲25%的可能，就不建議輕舉妄動，因為說不定一年後個股A上漲20%，而個股B只有漲15%；但如果個股B有上漲50%的潛力，或許賣A換B就值得一試。

　　巴菲特從不預設賣出價位與持有期間，只要公司能以令人滿意的速度提升其內在價值，就樂於永久持股。所以，股神最上乘的功夫是「逢低買進，長期持有」（Buy and Hold），如果公司具備持久的競爭優勢，一直維持居高不下的股東權益報酬率，持股就該緊抱不放；如果太早停利，賺到的只是蠅頭小利。就像巴菲特長抱可口可樂和美國運通至今，數十年一股未賣，獲利數十倍。

　　投資的道理一點也不難，難的是克服人性。長期投資其實不是一件容易的事，好公司抱緊處理比壞公司套牢擺爛更難做到，但也是發揮複利威力最重要的事。一般人很少持股超過一年，更不要說耐心長抱五年、十年，但要穩健獲利就得沉得住氣，避免貪婪、恐懼和沒耐心的情緒干擾。長抱賺錢的股票，看起來簡單，什麼事都不用做，但其實經常面臨人性的考驗。如果緊盯盤面，心情會隨著股價上下，可能一時衝動就獲利了結或停損出場，只能重新啟動，從頭開始選股。

　　「好公司抱不住」是長期投資的主要困擾。如何培養持股

耐心？除了買進價有足夠的安全邊際之外，可參考以下三點建議：一是買進高殖利率的績優成長股，因為現金股利提供定期收益，又能降低持股成本，可以緩解股價大漲大跌的情緒躁動；二是要定期檢視公司財報，確保金雞母體質不變，還有能力持續下金蛋，用心了解公司來強化自己的持股信心；三是在交易時間遠離股市，避免受到盤中漲跌干擾，而中斷長期投資績效，不盯盤賺更多。

凱利公式：讓你大賺小賠的神奇公式

股票投資重點不在於你是對是錯，而在於你看對的時候賺了多少、看錯的時候賠了多少。能通過一流投資架構前五關考驗的公司少之又少，所以一旦發現過五關的績優成長股，就要膽大心細，準備大幹一場，把資金重押在勝率高的投資機會。

手上的有限資金要如何配置？對每檔好股票要投多少？以下就介紹一個巴菲特都在用的神奇法寶：凱利公式。

凱利公式是由《他是賭神，更是股神》作者愛德華‧索普發揚光大，陸續應用在賭場和股市，都曾獲利豐碩。他也是波克夏的長期股東，曾跟巴菲特一起打橋牌。

簡單來說，凱利公式是在對自己有利的時候下大注，對自己不利的時候下小注或不下注。資金配置參考凱利公式，就有機會大賺小賠，讓長期獲利期望值最大化。這個公式主要根據賠率來計算最佳資金配置比例，計算公式如下：

$$最佳資金配置比例\ f = \frac{b \times p - q}{b} = p - \frac{q}{b}$$

其中 f 為這次賭注占總資金的建議比例，b 為賠率，p 為獲利機率，q 為虧損機率；換句話說，你只要計算出賠率與勝率，就知道每次賭注下多少，自己的勝算較大。

以擲硬幣為例，如果硬幣出現正面，你贏 5 倍賭注；出現反面，就輸掉這次賭注，代表賠率為 5（b＝5/1）。而且擲出正面硬幣，你有 50％勝率（p＝0.5，q＝0.5），也就是「出現正面你大贏，出現反面你小輸」。遇到這種低風險高報酬的賭局，你就應該下注，而且應該下大注。根據凱利公式計算，如果你有 1萬元，每次下注 40％，就能獲得最大利益。計算式如下：

$$f = 0.5 - \frac{0.5}{5} = 40\%$$

凱利公式應用在投資領域也是同樣的道理。如果你打算用100 萬元投資股票，發現某一檔個股，有六成機率獲利 50％、四成機率虧損 25％，也就是賠率為 2（b＝50％／25％），勝率為60％（p＝60％，q=40％），理論上若要讓收益期望值最大化，就應該用 40 萬元買進此檔個股（f＝(2×0.6－0.4) / 2＝40％）。當然，為了保守起見，你可以考慮用 20 萬元買進這檔個股，但千萬不要只買 2 萬，過度保守就好比用小杯子接天上下的黃金雨。

如果你同時有多個投資機會，依照凱利公式計算加總的資金比例超過100%，怎麼辦？在不放大財務槓桿的原則下，不應該借錢投資，建議可等比例減少資金配置。如表9-1所示，假設考慮買進6檔個股，依照凱利公式算出的總資金比例為200%，如果以自有資金100萬元投資股票，而且不用融資，就可考慮25萬元買個股一、20萬元買個股二，依此類推買進這6檔個股。

表9-1	投資組合的資金配置	
投資組合	凱利公式 資金比例	投資股票 實際比例
個股一	50%	25%
個股二	40%	20%
個股三	30%	15%
個股四	30%	15%
個股五	30%	15%
個股六	20%	10%
合計	200%	100%

巴菲特強調：「我們的投資策略是集中投資，當我們沒把握評斷一家公司的內在價值時，絕不輕易出手；只要可以充分掌握公司的內在價值與未來發展，明智的決策就是大膽重押。」例如他從2016年開始買進蘋果股票，還連續三年全力加碼，累積持股2.48億股，2019年底的蘋果持股就占波克夏股票投資部位近30%。但重押不是全押，差一個字差很大，近十年來巴菲特的最大持股都不超過股票組合市值的三成。

或許你有時會在網路媒體看到全部身家買一檔個股而大賺一票的奇才，但有可能是倖存者偏差，其實有更多案例是沒有躍上版面的慘痛教訓。股票投資一方面不要過度分散，對投資績效不利；另一方面更不能押身家釘孤支，冒自己無法承受的風險。後者比前者重要百倍！

賣出時機：見異思遷要當機立斷

巴菲特曾經提到：「一旦股價漲得太誇張，我們會考慮賣出持股；如果發現更好或更有把握的投資機會，也不排除換股操作，但我們不會因為股價上漲就獲利出場。我們樂於永久持股不賣，只要公司的內在價值持續增加、經營者能幹又值得信賴，以及股價未過度高估。」❽ 參考巴菲特的投資哲學和實戰操作，可歸納出四個賣出時機：

1. 自己看錯了
2. 公司變壞了
3. 股價夭壽貴
4. 發現更好的投資機會

第一個賣出時機是自己看錯了。例如巴菲特在2018年第三季買進甲骨文（美股代號：ORCL），沒幾個月就出清持股，他仍然相信甲骨文是好公司，但因為他無法掌握其未來發展前

景，也就是覺得自己撈過界，就及早放棄這個勝算不大的投資標的。所以，公司沒有想像的好，或自己發現沒有相對優勢，都要考慮及早收手。

第二個賣出時機是公司變壞了。例如巴菲特在2006年買進英國TESCO超市股票，2010至2012年還持續加碼，但TESCO在2014年爆發財報造假案，巴菲特就陸續出脫持股，但還是賣太慢，而虧損4.44億美元。

第三個賣出時機是股價夭壽貴。如果股價漲得太誇張，又沒任何基本面支撐，也可以考慮將持股全部或部分獲利了結。例如巴菲特曾經在1969年出清持股，直到1974年才重入股市，真難以想像投資高手可以空手熬過這四年。又如1998年波克夏公司用股票併購通用再保公司，巴菲特就相當於用100倍本益比賣出可口可樂部分持股❾。

最後一個賣出時機是發現更好的投資機會。例如巴菲特在2009年致波克夏股東信中揭露：「雖然穆迪、寶僑和嬌生明年的股價可能還會上漲，我們不得不賣出部分持股，以便買入陶氏化學和瑞士再保，以及籌措併購BNSF的資金。」

身在股市最大的敵人，是自己的心魔

巴菲特在2019年致股東信中大膽預言：「如果美國利率和企業稅率一直維持目前的低水準，股票長期表現一定優於債券。上述樂觀預測伴隨一個警告：未來股價隨時可能大幅波動，股

市大跌50%或更多都不無可能。對那些不借錢且能夠控制自己情緒的投資人而言，股票是最好的長期投資，對其他人來說就不見得是如此。」

最聰明的人在股市也會做出最愚蠢的事，投資紀律是影響輸贏成敗的重要關鍵。知識由學習獲得，專業靠經驗累積，同時必須堅守紀律，所以專業能力可以視為知識、經驗及紀律三者相乘。讀者除了需要將投資知識融會貫通之外，還必須真正掏錢投資，才能在實戰中領悟和累積自己的經驗值，而最大的挑戰是控制好自己的情緒，理性買賣交易。投資經驗與投資紀律無法外求，必須親自買票進場，才能累積加分。

一旦用真金白銀買進股票，貪婪、恐懼、沒耐心、過度自信四大心魔就會油然而生，不時動搖你的投資紀律，影響你的專業判斷能力。例如畢卡胡原本以為在知識、經驗和紀律都有5分的實力，三者相乘有125分（5×5×5＝125），比滿分還高出25%；但手中有股票之後，有些投資知識會因為假裝忘記或害怕想起而變成4分，就算經驗值維持5分，在四大心魔不時圍攻下，本人的紀律值可能只剩3分，三者相乘變成60分，就會導致股市實戰的投資能力在及格邊緣，投資績效自然不如預期。

投資能力評分舉例如下，你也可以自我評分看看：

專業投資能力＝投資知識×投資經驗×投資紀律
理想的專業投資能力＝5×5×5＝125（分）
畢卡胡的專業投資能力＝4×5×3＝60（分）

我的專業投資能力＝□✕□✕□＝□（分）

投資就像減肥，要堅守投資紀律

投資像減肥一樣，決定最後成果的是紀律，而不是知識。大家都知道減重要少吃多運動，但知道不代表做到，通常要持之以恆一個月以上，成效才看得出來；同樣的道理，看對股票沒什麼了不起，做對股票才對得起自己。持股至少一年，且經歷過30%跌幅仍能抱緊處理，才有資格加入巴菲特私淑班吧？建議讀者將本書多看幾遍，並活學活用，當作在畢卡胡先修班熱身練功，以便進入資格賽。

人是感性的動物，大多數人不如自己所想的那麼理性，往往跟著感覺走或跟著大家走。但投資有時候需要逆向操作，你如果沒有培養獨立思考能力，對潛力股也沒有自己的定見和遠見，真正遇到股市大跌通常會下不了手。

不論股市多頭還是空頭，投資人都要設法保持理性，買賣股票前，請先對著鏡子回答一流投資架構的六個闖關問題，一定有助於提升投資績效。至少可參考本章最後個案研究的做法，比較個股的相對價值與絕對價值。股票看對和做對是兩回事，再完美的投資策略，如果臨場無法堅持到底，說一口好股票也沒用。

巴菲特提醒：「投資人應該銘記在心：衝動和費用是你的敵人。」⑩ 所以，不要經常交易，不要頻繁更動你的持股，高週

轉率只會讓你的券商賺錢，卻有損於你的投資報酬；券商靠交易賺錢，你靠不交易獲利。通常一次買賣的交易成本至少為千分之五（0.1%＋0.1%＋0.3%＝0.5%），其中千分之一為買賣各付一次的券商手續費，千分之三為證券交易稅，如果你每週買賣一次股票，即使每筆交易的賣出價等於買進價，看起來不賺不賠，但一年必須付出高達本金26%（＝0.5%×52）的交易成本，也就是你如果年初有100萬元資金，一年付出的交易成本就高達20多萬元，年底就只剩不到80萬元。

結語：在股市過關斬將，邁向財富自由之路

巴菲特總結，他六十多年累積的財富主要僅由十來個重大決策所貢獻，所以你一年只要找到一檔好價位的好公司，就算是很棒的投資人了。投資成功的關鍵是耐心等待，而非頻繁交易──耐心尋找好公司，耐心等待好價位，耐心緊抱不放。等待的過程是痛苦的，尤其是股市大漲時，眼睜睜看著別人賺大錢，自己卻毫無所獲，難免會讓人心癢難耐。

你如果對投資標的不夠了解，無法堅信自己的獨立判斷，就很容易買太少、賣太早、怕被套、不敢抱；如果無法透過一個健全的投資系統，建立長期獲利模式，也很難投資致富。將本書的「一流投資架構」融會貫通之後，接下來只要考慮花多少時間、用多大心力，以掌握少數幾個投資機會，就能關關難過關關過，因為已有健全的投資SOP可以參照應用。

一流投資架構具有視覺化思考的效果，對讀者有三大助益：第一是透過簡單直覺的流程，讓投資人先從大方向思考；第二是根據一流投資架構流程，找出更多資訊，思考切入重點，讓投資想法逐漸具體成形；第三是在任何階段卡關時，能參考一流投資架構來確認方向，不會迷路。

　　投資理財是一輩子的功課，股票投資就像一個不斷卡關又破關的過程。本書提出一流投資架構，幫助讀者學習巴菲特的兩門課「如何評估公司價值」和「如何看待市場價格」，也提醒讀者要堅持「找好公司，等好價位，大賺小賠」的投資紀律，設法克服貪婪、恐懼、沒耐心和過度自信四大心魔。至於讀者能夠學到幾成的巴菲特投資功力？師兄引進門，修行在個人，大家就各憑本事，各自發揮所長吧。

　　機會是給準備好的人，將本書從頭看到尾的讀者，現在就是你大展身手的時刻。It's your show time! 祝福你在股市過五關斬六將，及早邁向財富自由之路！

本章學習重點

1 買進時機
- 股市大跌
- 好公司遇到倒楣事
- 好公司不受青睞

2 賣出時機
- 自己看錯了
- 公司變壞了
- 股價夭壽貴
- 發現更好的投資機會

3 理想的投資組合是六六大順：六折買進六檔好股

4 建立最佳投資組合需要過五關斬六將
- 第一關：在能力圈找好公司
- 第二關：檢視財報重點
- 第三關：確認護城河
- 第四關：估算內在價值
- 第五關：等待安全邊際
- 第六關：六折買進六檔好股

5 專業投資能力＝投資知識×投資經驗×投資紀律

投資不要拔鮮花種雜草

股票投資需要關注許多事，難免掛一漏萬，有時賣了就漲、買了就跌，彼得‧林區所謂的「拔鮮花種雜草」，投資老手應該心有戚戚焉。

《台股價值站》的「自選名單」頁面，提供重要的財務指標和評價指標，讓用戶能夠同時檢視自選股的相對價值與絕對價值，可當作基本的投資檢查表，如圖9-6所示。建議每次下單前，用一分鐘掃描一下自己的自選名單，有助於提升決策品質。

假設圖9-6的9檔個股是你有興趣的自選名單，你要如何比較其優劣？可以先比較相對價值的客觀指標欄位，再評估絕對價值的主觀指標欄位。

所謂客觀指標是任何人看到的都是相同的數值，例如三好一公道指標的「近四季ROE」「近四季本益比」「EPS年增率」及「近一季淨負債」；主觀指標則因人而異，例如每檔個股的「安全邊際」和「合理價值」，每個人估算出來的數值都不相同。

客觀指標除了比大小，還要依據自己的能力圈和配合公司的商業模式，來綜合評估。例如ROE愈大公司績效愈好，本益比愈小投資風險較小，但兩者兼具的個股少之又少。

近四季EPS年增率最好是正成長，但如果你有相當把握，例如觀察每月營收來推估當季每股盈餘，就可以在EPS由負轉正

前就逢低布局，從魚頭開始吃。

「最好沒有淨負債」是通則，但金融業和租賃業就不能一概而論，因為這些公司的商業模式就是靠存款或借貸做生意。

而主觀指標的不確定性最大，投資人必須審慎評估並保守應對。例如巴菲特對安全邊際的目標是打六折，如果你看到一檔個股沒有任何安全邊際就想追，應該提出充分的理由和證據，或回頭參考第六章的個案研究，溯源檢視你自行評估的合理價值為何無法反映出自認的潛在利多。你不需要向任何人交代，但最好面對鏡子可以自圓其說。

圖9-6 《台股價值站》的自選名單：比較自選股的相對價值與絕對價值

自選組合	自選名單1 ▼										編輯
	近四季 ROE	近四季 本益比	近四季 EPS	EPS 年增率	近一季 淨負債	近一季 毛利率	近四季 P/FCF	近一年 股息	近一年 殖利率	股價 淨值比	安全 邊際
台積電	20.9%	20.4	13.32	-2%	-	50.2%	40.9	9.50	3.5%	4.34	無
台塑	10.6%	12.7	5.86	-25%	-	11.5%	17.2	4.40	5.9%	1.36	86折
台泥	12.5%	9.1	4.27	-3%	21.2%	29.5%	9.3	2.50	6.4%	1.14	無
台達電	15.2%	13.5	8.90	27%	-	29.3%	15.1	5.00	4.2%	2.22	88折
台光電	25.5%	10.6	10.14	85%	-	25.4%	13.1	6.00	5.6%	2.53	99折
台灣大	18.7%	27.6	3.56	-10%	43.3%	24.5%	14.0	5.55	5.7%	4.05	85折
中華電	8.7%	25.3	4.23	-8%	-	32.7%	18.4	4.23	4.0%	2.21	無
中華食	19.0%	22.4	3.53	16%	-	38.9%	24.3	3.00	3.8%	4.16	無
中租-KY	23.3%	7.9	11.65	13%	337.6%	60.2%	6.4	4.60	5.0%	1.76	98折
+ 新增自選股											

☆ 排行榜　🎧 個股摘要　♡ 自選名單　✕ 選股條件　⚖ 評價設定　★ 搜畫設定　⏰ 到價設定　⚙ 系統設定

本圖的「安全邊際」是虛擬資料，僅供教學說明，請勿逕作為投資依據

「自選名單」頁面有十二個預設欄位，如果要新增欄位，例如「安全邊際」「合理價值」或「市值」等，可點選圖9-6畫面右上方的「編輯」，再點選圖9-7畫面右上方的「欄位編輯」，然後點選圖9-8下方的「＋新增欄位」，即可挑選所需欄位名稱。

圖9-7	「自選名單」的欄位編輯

圖9-8	「自選名單」的欄位編輯

❶ 資料來源：2016年巴菲特致波克夏股東信
❷ 資料來源：2008/10/16《紐約時報》讀者投書
❸ 2020/02/24巴菲特接受CNBC專訪：https://youtu.be/JvEas_zZ4fM
❹ 資料來源：1998年巴菲特的佛羅里達大學演講：https://youtu.be/2MHIcabnjrA
❺ 資料來源：2003年巴菲特的喬治亞理工學院校友月刊專訪
❻ 資料來源：1988年巴菲特致波克夏股東信
❼ 資料來源：1996年巴菲特致波克夏股東信
❽ 資料來源：1987年巴菲特致波克夏股東信
❾ 資料來源：瑪麗．巴菲特所著的《和巴菲特同步買進》
❿ 資料來源：2004年巴菲特致波克夏股東信

www.booklife.com.tw   reader@mail.eurasian.com.tw

生涯智庫 182

畢卡胡的三好一公道選股攻略：學習巴菲特如何打敗大盤，年賺20％

作　　者／畢卡胡
發 行 人／簡志忠
出 版 者／方智出版社股份有限公司
地　　址／台北市南京東路四段50號6樓之1
電　　話／（02）2579-6600・2579-8800・2570-3939
傳　　真／（02）2579-0338・2577-3220・2570-3636
總 編 輯／陳秋月
副總編輯／賴良珠
主　　編／黃淑雲
專案企畫／尉遲佩文
責任編輯／黃淑雲
校　　對／黃淑雲・陳孟君
美術編輯／金益健
行銷企畫／詹怡慧・黃惟儂
印務統籌／劉鳳剛・高榮祥
監　　印／高榮祥
排　　版／杜易蓉
經 銷 商／叩應股份有限公司
郵撥帳號／18707239
法律顧問／圓神出版事業機構法律顧問　蕭雄淋律師
印　　刷／國碩印前科技股份有限公司
2020年6月　初版
2021年2月　2刷

如果每天都能進步百分之一，持續一年，最後你會進步三十七倍；
若是每天退步百分之一，持續一年，到頭來你會弱化到趨近於零。
起初的小勝利或小倒退，累積起來會造就巨大差異。
　　　　──詹姆斯・克利爾（James Clear），《原子習慣》

◆ **很喜歡這本書，很想要分享**

圓神書活網線上提供團購優惠，
或洽讀者服務部 02-2579-6600。

◆ **美好生活的提案家，期待為您服務**

圓神書活網 www.Booklife.com.tw
非會員歡迎體驗優惠，會員獨享累計福利！

國家圖書館出版品預行編目資料

畢卡胡的三好一公道選股攻略：學習巴菲特
如何打敗大盤，年賺20％／畢卡胡 著．
-- 初版.-- 臺北市：方智，2020.06
288 面；14.8×20.8 公分 --（生涯智庫；182）

ISBN 978-986-175-554-0（平裝）

1.股票投資　2.投資技術　3.投資分析

563.53　　　　　　　　　　　109005168